ADOLPHE JOANNE

GÉOGRAPHIE

DE LA

GIRONDE

15 gravures et une carte

HACHETTE ET CIE

GÉOGRAPHIE

DU DÉPARTEMENT

DE LA

GIRONDE

AVEC UNE CARTE COLORIÉE ET 15 GRAVURES

PAR

ADOLPHE JOANNE

AUTEUR DU DICTIONNAIRE GÉOGRAPHIQUE ET DE L'ITINÉRAIRE
GÉNÉRAL DE LA FRANCE

PARIS
LIBRAIRIE HACHETTE ET Cie
79, BOULEVARD SAINT-GERMAIN

1877

TABLE DES MATIÈRES

DÉPARTEMENT DE LA GIRONDE

LISTE DES GRAVURES

Typographie Lahure, rue de Fleurus, 9, à Paris.

DÉPARTEMENT

DE LA GIRONDE

I. — Nom, formation, situation, limites, superficie.

Le département de la Gironde doit son *nom* au grand et large fleuve qui se forme, à la pointe du Bec-d'Ambès, de la réunion de deux puissantes rivières, la Garonne et la Dordogne.

Il a été *formé*, en 1790, de divers pays appartenant à la **Guyenne**, le plus grand des trente-deux gouvernements ou provinces qui constituaient alors la France : ces pays étaient le *Bordelais*, le *Bazadais*, le *Périgord* et l'*Agenais;* ce dernier a contribué pour 15,000 hectares à peine à la formation du département, le Périgord a apporté moins de 50,000 hectares, le Bazadais plus de 200,000, le Bordelais plus de 750,000, soit environ les trois quarts du territoire.

Le département de la Gironde est *situé* dans la région du sud-ouest, sur l'océan Atlantique ; deux départements seulement, les Landes et les Basses-Pyrénées, le séparent de l'Espagne, et il n'y a que 171 kilomètres entre Lugos, dernière station girondine du chemin de fer de Paris à Madrid, et Hendaye, dernière station française de cette même ligne. Un seul département, fort large il est vrai, la Dordogne, le sépare de la Haute-Vienne ou de la Corrèze, qui font partie de la France centrale; trois départements, la Dordogne, la Haute-Vienne et la Creuse, le séparent du Cher, qui occupe assez exactement le centre de la France; enfin, pour aller à Paris, situé à 578 kilomètres au nord-est de Bordeaux par le chemin de fer, à 500 kilomètres en ligne droite, il faut passer par huit départements : la Charente-Inférieure, la Charente, la Vienne, Indre-et-Loire, Loir-et-Cher, le Loiret, Seine-et-Oise et la Seine. Il est traversé par le troisième degré de longitude à l'ouest de Paris et par le quarante-cinquième degré de latitude septentrionale : il se trouve donc à égale distance du Pôle et de l'Équateur, séparés, comme on le sait, l'un de l'autre par quatre-vingt-dix degrés ou par un quart de cercle.

Le département de la Gironde est *borné :* à l'ouest, par l'océan Atlantique; au nord, par la Charente-Inférieure; à l'est, par la Dordogne et Lot-et-Garonne ; au sud, par les Landes. En général, ses limites sont artificielles ou conventionnelles, c'est-à-dire que, sauf du côté de l'ouest, elles ne sont formées par aucun obstacle naturel, si ce n'est çà et là par des ruisseaux, comme la Lidoire, ou des rivières comme l'Isle, la Dronne et le Dropt. Après la mer, sa plus longue frontière naturelle est la Gironde, qui, large de 5 à plus de 10 kilomètres, lui sert de limite avec la Charente-Inférieure sur plus de 40 kilomètres à partir de la mer; puis vient la Dordogne, qui, sur près de 40 kilomètres en remontant à partir de l'embouchure de la Lidoire, la sépare du département de la Dordogne.

La *superficie* de la Gironde est de 1,034,020 hectares sans le bassin d'Arcachon, de 1,048,680 hectares avec ce bassin. Sous ce rapport, c'est le *premier* département de la France. La plus longue diagonale tirée sur son territoire continental, de la Pointe de Grave au nord-ouest, jusqu'au bout de la commune de Lartigue (canton de Captieux) au sud-est, est de près de 170 kilomètres. Il y a seulement 31 kilomètres de Pessac-sur-Dordogne à l'entrée de la Garonne dans le département. La largeur est de 30 kilomètres un peu au nord du méridien de Lesparre, de 60 kilomètres sous celui de Pauillac, de 120 kilomètres entre le point où la Dordogne commence à appartenir au département par sa rive gauche et la côte marine au nord du bassin d'Arcachon. Le *pourtour*, en ne tenant pas compte des sinuosités secondaires, est de 640 kilomètres, dont 175 formés par l'Atlantique et par la Gironde.

II. — Physionomie générale.

Le département de la Gironde se compose de deux régions très-distinctes.

La région de collines, ensemble de coteaux et de vallées célèbres en France par leurs charmants paysages, leurs deux rivières et leur estuaire, et dans le monde entier par leurs vins, peut s'appeler région girondine ; la région de plaines se nomme les Landes.

Région girondine. — La région girondine occupe l'est du département, tout ce qui est à droite de l'estuaire de la Gironde et du cours de la Garonne, plus le massif de collines de Bazas et de Grignols, qui se dresse sur la rive gauche de cette grande rivière. Elle embrasse à peu près la moitié du département. C'est elle qui en possède le point culminant, la *colline de Samazeuil*, dont l'élévation est de 163 mètres au-dessus du niveau de la mer, et qui, par conséquent, dépasse de près de 10 mètres les hauteurs réunies de la flèche de Saint-Michel et de Pey Berland ; en revanche, cette altitude suprême de la Gironde n'est guère que la trentième partie de la hauteur du Mont-Blanc (4,810 mètres), le point culminant de l'Europe.

La colline de Samazeuil s'élève dans l'ancien pays de Bazadais (arrondissement de Bazas), au sud de la Garonne, à 4 kilomètres à l'est de la petite ville de Grignols, sur la frontière du département de Lot-et-Garonne.

La région girondine comprend, outre le Bazadais, un certain nombre de petits pays généralement charmants, sains et fertiles, bien arrosés, bien cultivés, bien peuplés.

L'Entre-deux-Mers, vaste de 150,000 hectares, le septième du département, est compris entre la limite départementale à l'est, le cours de la Dordogne au nord et celui de la Garonne au sud et à l'ouest; il a dû précisément son nom à sa situation entre ces deux puissantes rivières qui, à mesure qu'elles se rapprochent pour se réunir au Bec-d'Ambès, prennent de plus en plus la largeur et l'aspect de deux estuaires. Ce pays, couvert de vignobles, de vergers, de beaux villages, de châteaux, de villas, et qui jouit d'un climat salubre et riant, est d'une fertilité qui dépasse toute description.

Le Libournais, qui doit son nom à l'importante Libourne, assise au confluent de la Dordogne et de l'Isle, couvre près de 40,000 hectares; séparé de l'Entre-deux-Mers par la riche vallée de la Dordogne, il est borné au sud par cette rivière, à l'ouest et au nord par l'Isle, à l'est par la frontière du département de la Dordogne. A un degré moindre, c'est aussi un « Entre-deux-Mers » aux vallées opulentes, aux vallons gais et fertiles, aux collines enrichies par des vins dont le plus fameux croît sur les côtes de Saint-Émilion.

Au nord de l'Isle, entre cette rivière et la vallée large de 3 à 4 kilomètres où coule la Dronne, la Double couvre de ses collines arides et altérées un territoire de quelques milliers d'hectares qui se prolonge sous le même nom, au delà du Chalaure, dans le département de la Dordogne, sur une étendue de 48,000 hectares. C'est un ensemble de collines chargées de bois de pins de plus en plus remplacés par des vignes aux vins médiocres, et de petits étangs où aboutissent des *nauves* ou prairies humides. Ce territoire tout particulier se continue au delà de la Dronne et au delà du Lary, affluent de l'Isle, jusqu'à la Livenne, tributaire de la Gironde, le long des frontières du département de la Charente-Inférieure.

Entre l'Isle, la Dordogne et la zone septentrionale des pinadas, les dernières ramifications du plateau de Saintonge forment le Fronsadais. Si l'on rattache à cette région le Libournais, la Double et les collines à pins de la lisière départementale, elle embrasse, comme l'Entre-deux-Mers, à peu près 150,000 hectares, ou le septième de la Gironde. La portion du Fronsadais voisine de Fronsac est le *Fronsadais propre;* celle qui environne Cubzac est le *Cubzagais* ou *Cubzadais;* celle de Bourg est le *Bourgès;* celle de Blaye, le *Blayais.* Tous ces petits pays, riants et prospères, sont à la fois des vignobles et des vergers. Au pied des collines du dernier d'entre eux, du Blayais, entre elles et la rive droite de la Gironde, s'étendent, larges de 5 à 6 kilomètres, les terres plates du Marais. Ces terres sont l'ancien lit du fleuve, qui jadis battait le pied des coteaux du massif de Saint-Ciers-la-Lande. Un réseau de canaux de dessèchement les a rendues cultivables et même fécondes.

Région des Landes. — Sauf le petit espace occupé par le Médoc, les Polders et par le Bazadais ou massif d'Auros, de Bazas et de Grignols, les Landes occupent toute la partie du département à l'ouest de la Garonne et de la Gironde ; elles en bordent même la belle capitale : le célèbre vignoble de Haut-Brion, voisin de Bordeaux, est situé dans les Landes.

Cette région, vaste de plus de 1,200,000 hectares, s'étend aussi sur une petite portion de Lot-et-Garonne et sur les trois quarts au moins du département des Landes. Les Landes comprennent à elles seules la moitié de la Gironde; mais elles sont sept fois moins peuplées que la région girondine. Prises dans leur ensemble, elles offrent, dans la Gironde, un immense plateau s'élevant dans la direction du sud-est, c'est-à-dire dans celle du cours de la Garonne, du Ciron, de la Leyre. Cet ancien lit de l'Océan est un pays malsain de marais et de lagunes, dont la stérilité proverbiale a pour principale cause l'*alios*, espèce de tuf qui forme le sous-sol de la région.

Heureusement, depuis la loi de 1857, qui a décrété l'assainissement des Landes et leur mise en valeur, le desséchement du sol fait des progrès, la salubrité gagne, la couche végétale s'améliore, enfin et surtout les bois s'étendent.

L'alios, en empêchant les eaux de filtrer et de disparaître profondément dans le sol, donne par cela même naissance, dans certains bas-fonds privilégiés, à des sources très-abondantes et résistant très-bien aux chaleurs : aussi la plupart des vallons landais sont-ils bien arrosés, frais, agréables, pourvus de prairies.

Composé de landes rases (c'est-à-dire sans arbres) où paissent des troupeaux de moutons, de forêts de pins, de bouquets de chênes-liége, le plateau des Landes s'enfonce, près de l'Océan, sous un bourrelet de dunes, large de deux à huit kilomètres. Les Dunes couvrent environ le vingtième de la surface départementale, à peu près 50,000 hectares. La marche en avant des dunes, poussées par les vents, est irrésistible si l'on ne cimente pas pour ainsi dire les grains de sable entre eux par des plantations.

Sur la côte de la Gironde et des Landes, entre l'embouchure de la Gironde et celle de l'Adour, les dunes, que séparent des espèces de vallons, appelés *lèdes* ou *lètes*, s'avançaient en moyenne de 20 mètres par an, lorsque Brémontier projeta de les arrêter par des semis de pins. Aujourd'hui les blanches collines mobiles qui engloutirent Soulac, Sainte-Hélène-Perdue, le Porge, Lége, dont l'église à disparu et reparu trois fois, sont définitivement fixées.

C'est précisément dans le département de la Gironde que se trouvent les plus élevées des dunes françaises. Elles se nomment les dunes de Lascours : hautes de 89 mètres, elles se dressent entre l'étang de Cazau et l'Atlantique.

Les Landes, comme nous l'avons dit, s'approchent beaucoup de la rive gauche de la Garonne, mais ne la touchent pas tout à fait, et c'est entre leurs derniers bois de pins et les bords riants de la rivière que se trouvent quelques-uns des vignobles les plus renommés de la France, Sauternes et Barsac près de Langon, et Haut-Brion près de Bordeaux. Le même fait se produit au-dessous de la rencontre de la Garonne et de la Dordogne, sur la rive gauche de l'estuaire girondin, et du Bec-d'Ambès à la mer, la Lande est séparée du fleuve, d'abord par le Médoc, puis par les Polders.

Le Médoc, long de plus de 60 kilomètres, sur une largeur tantôt six fois tantôt douze fois moindre, couvre une centaine de milliers d'hectares. On le partage en Haut-Médoc (au sud) et en Bas-Médoc (au nord); mais il n'en faudrait pas conclure que le premier de ces deux Médocs soit un pays bien élevé comparativement au second : le Haut-Médoc lui-même n'a pas de collines dépassant beaucoup 40 mètres, tout ce pays n'offre aucun paysage pittoresque, et ce ne sont pas des rivières qui courent dans ses vallons vers le fleuve boueux et souvent voilé de brumes, mais d'étroits ruisseaux, presque tous connus sous le nom de *Jalle*. En revanche, riche de plus de 20,000 hectares de vignes, il possède Château-Margaux, Château-Lafitte, Château-Latour et vingt autres crus célèbres.

Les POLDERS, du mot hollandais *Polder*, qui veut dire une terre desséchée, drainée, assainie par des canaux, les Polders continuent le Médoc au nord-ouest. Mêlés de marais salants, ils sont faits d'alluvions enlevées au fleuve par un système de digues et de canaux. Naturellement très-fertiles, ils manquent, en été, totalement d'eau douce, le fleuve immense qui les longe étant dans ces parages un estuaire salé; certaines cultures très-profitables deviennent ainsi impossibles.

III. — Cours d'eau.

Sauf la portion de l'arrondissement de Bordeaux qui relève du bassin de la Leyre, fleuve côtier, sauf aussi quelques ruisseaux des Landes, sans écoulement apparent, le département entier appartient au bassin de la Gironde.

La Gironde est formée au Bec-d'Ambès, à 5 kilomètres au-dessous de Bourg, et à 25 en aval de Bordeaux, à une altitude à peine supérieure au niveau de la mer, par le confluent de deux des plus grandes rivières de France, la Garonne et la Dordogne.

A ce confluent, la Garonne a parcouru 575 kilomètres, elle a drainé 5,600,000 hectares, elle roule, suivant les saisons, de 37 mètres cubes (étiage exceptionnel) à 10,500 mètres cubes (crues extraordinaires) par seconde, avec un étiage ordinaire de 102 mètres et un module ou débit moyen de 659 mètres.

La Dordogne, plus faible, n'a parcouru que 490 kilomètres et drainé que 2,340,000 hectares; son étiage est égal sinon supérieur à celui de la Garonne, mais son volume de crue est deux à trois fois moindre et son module de 519 mètres seulement. Aussi la Garonne est-elle la plus importante des deux rivières qui forment la Gironde, et qui, réunies dans l'estuaire, ont un module de 1,178 mètres cubes d'eau par seconde.

La **Garonne**, formée en Espagne, dans le val d'Aran, par la réunion de la Garonne Orientale et de la Garonne Occidentale, entre dans le département de la Gironde par 5 mètres seulement d'altitude, à 6 ou 7 kilomètres au-dessus de la Réole. Entre cette ville et Langon, à Castets, elle commence, très-faiblement d'ailleurs, à subir l'influence de la marée. Jusqu'à Langon, ville qu'il sépare de Saint-Macaire, le fleuve coule vers l'ouest; à partir de Langon, il se dirige vers le nord-ouest, puis vers le nord. Sa vallée est riche et peuplée; la rive droite baigne souvent le pied de hautes et pittoresques collines; sur la rive gauche, le plateau des Landes s'abaisse vers le fleuve par une pente presque partout insensible. Preignac, Barsac, Cadillac, Podensac et Castres précèdent ensuite, sur l'une ou l'autre rive, la grande ville qui est le chef-lieu du département, Bordeaux. Formant par sa rive gauche un demi-cercle de 6 kilomètres de longueur, bordé de quais, de chantiers, de maisons, de palais, le fleuve y passe sous le pont tubulaire du chemin de fer et sous un pont de pierre, au-dessous duquel il a 500 à 700 mètres de largeur. La charmante colline de Lormont, traversée par 5 tunnels de chemin de fer, est la dernière qui domine la rive droite de la Garonne, le fleuve coulant désormais jusqu'à la rencontre de la Dordogne entre des rivages plats, bordés de rideaux d'arbres. Son cours dans le département est de près de 95 kilomètres.

Cette rivière est censée flottable en trains, de la frontière d'Espagne au confluent du Salat (86 kilomètres); navigable à la descente, de ce confluent à Toulouse (79 kilomètres); navigable, à la remonte comme à la descente, de Toulouse à Castets (240 kilomètres), à l'aide surtout du CANAL LATÉRAL, qui se termine à Castets, à l'origine même de la marée, après une longueur de 193 kilomètres, canal où le tirant d'eau est constamment maintenu à 2 mètres 20 centimètres. A Castets commence la navigation à la fois fluviale et maritime (53 kilomètres); de Bordeaux, part la navigation purement maritime (98 kilomètres, en Garonne et en Gironde, jusqu'à la mer). Au-dessus de Bordeaux, la rivière manque çà et là de profondeur, et elle n'est pas très-animée, surtout depuis l'établissement du chemin de fer de Cette. Mais à partir de Bordeaux elle est capable de porter des bâtiments de 2,000 à 2,500 tonnes. Malheureusement, elle est de plus en plus envahie par des îles de vase et des bancs de sable dont l'accroissement continuel menace très-sérieusement le commerce bordelais.

La Garonne reçoit dans le département le Lisos, la Bassane, le Dropt, la Beuve, le ruisseau de Roquetaillade, la Caussade, le Ciron, le ruisseau de Landiras, l'Euille, la Barbouse, le ruisseau de Tourne, le Gua-Mort, le ruisseau de Saint-Jean-d'Estampe, l'Eau-Blanche, la Pimpine, l'Eau-Bourde, l'Estey-Majou, le Peugue, la Devise, la Jalle de Blanquefort et la Jalle de Ludon. Le Dropt et le Ciron ont seuls quelque importance; les autres ne sont que des ruisseaux plus ou moins abondants.

Le *Lisos*, affluent de gauche, passe à la base du coteau de Grignols. — La *Bassane* (g.) a son embouchure à peu près en face de celle du Dropt. — La *Beuve* (g.) coule au pied de la colline de Bazas et passe devant Auros. — Le *ruisseau de Roquetaillade* (g.), appelé aussi ruisseau de Roaillan, serpente dans le vallon de Roquetaillade. — La *Caussade*, affluent de droite, passe à Verdelais. — Le *ruisseau de Landiras* (g.) recueille les grandes sources d'Illats, fournies par la Lande. — L'*Euille* (dr.) descend des collines de Targon et s'achève à Cadillac.— La *Barbouse* (g.), ruisseau de la Lande, se termine au-dessous de Podensac. —Le *ruisseau de Tourne* (dr.) vient par une branche, des coteaux de Targon, par l'autre, des coteaux de Créon : il passe à Langoiran. — Le *Gua-Mort* ou *Gat* (g.), petite rivière de la Lande, a plus de 35 kilomètres : né dans les bois de pins d'Hostens, il reçoit les belles eaux du Bas-Villagrains et entre dans la Garonne à Castres. — Le *ruisseau de Saint-Jean-d'Estampe* (g.), cours d'eau de la Lande, commence par la grande source de Hos : il arrose le vallon de la Brède. — L'*Eau-Blanche* (g.), clair ruisseau comme tous ceux qui sortent du sable des Landes, coule devant Léognan et Villenave-d'Ornon : il est grossi par la grande fontaine de Veyres. — La *Pimpine* (dr.) se forme dans les collines de Créon. — L'*Eau-Bourde* (g.), richement alimentée par les eaux que l'*alios* retient, puis laisse échapper de la couche des sables, passe à Gradignan, au pont de la Maye, à Bègles, bourg de la banlieue de Bordeaux. — L'*Estey-Majou* (c'est-à-dire grand ruisseau) n'est, malgré son nom, qu'un petit ruisseau de la Lande, un affluent de gauche, qui passe à Talence, banlieue de Bordeaux. — Le *Peugue* et la *Devise* (g.), ruisseaux des Landes, traversent souterrainement Bordeaux. — La *Jalle de Blanquefort* (g.), longue de près de 40 kilomètres, peut à la rigueur passer pour une rivière, grâce au volume d'eau constant, et comparativement considérable, que lui fournissent de belles sources de la Lande, notamment celle de la Tête-du-Bois (Cap-dau-Bosc). Cette description convient également à presque toutes les fontaines landaises. — La Jalle de Blanquefort passe près de la poudrerie de Saint-Médard et au pied de la colline de Blanquefort. — La *Jalle de Ludon* (g.), cours d'eau landais par ses sources, coule dans un vallon du Médoc, pays qu'on peut considérer comme commençant, au sud, à la Jalle de Blanquefort.

Le **Dropt** ou **Drot** entre dans la Garonne, rive droite, par deux bras, l'un à Gironde, l'autre près de Caudrot. Cette rivière a un cours total de 128 kilomètres, dont 36 environ dans la Gironde. Elle se forme dans les collines de Capdrot (Dordogne), qui ont une hauteur d'environ 250 mètres. Avant d'entrer dans le département, elle serpente dans une très-jolie vallée appartenant tantôt à la Dordogne, tantôt au Lot-et-Garonne; elle passe à 3 kilomètres au nord du fameux château de Biron, dans les délicieuses prairies d'Eymet, au pied de la colline escarpée qui porte le château de Duras. Sur ce point de son cours, le Dropt commence à border le département par sa rive gauche, mais il n'y entre tout à fait qu'au-dessus de Dieulivol. Tranquille et profond, étroit, sinueux, peu clair, il baigne la base du coteau de Monségur, et passe à quelques kilomètres de la Réole, en contournant, au nord et à l'ouest, le massif de coteaux qui domine ce chef-lieu d'arrondissement.

Rivière sans affluents notables, le Dropt, qui aurait peu d'eau en été sans les retenues des moulins, est pourtant navigable à partir d'Eymet (63,690 mètres), par le moyen de 21 écluses; mais le mouvement de remonte et de descente est presque nul, malgré la grande richesse du pays. Son principal tributaire girondin est la *Vignague*, qui descend du plus haut tertre de l'Entre-deux-Mers et baigne le pied de la colline de Sauveterre-de-Guyenne.

Le **Ciron**, rive gauche, est une limpide rivière de 90 kilomètres, qui, constamment dans les Landes, coule au sein d'un joli vallon, sur fond de sable, au pied de berges régulières ou de mamelons sablonneux. Né d'une lagune du département des Landes, et écornant le Lot-et-Garonne, il pénètre dans la Gironde après un cours de 24 kilomètres. Il va passer à 7 kilomètres à vol d'oiseau au sud de Bazas, à Beaulac, où se trouvent des forges importantes, laisse à gauche Préchac, à droite Uzeste, baigne Villandraut, Noaillan, coule à une petite distance des ruines du château de Budos, et, longeant d'assez près les fameux vignobles où croît le roi des vins blancs, le Château-Yquem, premier cru du Sauternes, gagne la Garonne entre Preignac et Barsac, après après avoir fait marcher des moulins, des papeteries, des forges. — Parmi ses affluents, tous roulant des eaux vives, on doit noter : le *Bartos*, formé dans les collines de Grignols; la *Gouaneyre*, qui traverse Captieux; le *Baillon*, qui débouche à Villandraut; la *Hure*, le plus long de tous : ce dernier ruisseau passe à Saint-Symphorien.

La **Dordogne** est la plus longue des rivières françaises en en exceptant la Moselle, à laquelle elle ne le cède que de quelques kilomètres, et la Saône, si l'on considère le Doubs comme la branche principale. Elle a, comme nous l'avons déjà dit, 490 kilomètres de cours dans un bassin de 2,340,000 hectares. Elle sort d'un pré mouillé situé à 1,720 mètres d'altitude, sur les flancs du Puy-de-Sancy (1,886 mètres), la plus haute montagne de la France centrale (Puy-de-Dôme).

....

A son entrée dans le département de la Gironde, la Dordogne a déjà parcouru 374 kilomètres. Il lui reste à parcourir 116 kilomètres pendant lesquels elle sépare les départements de la Gironde et de la Dordogne (sur 40 kilomètres environ, de Saint-Nazaire au confluent de la Lidoire) ; elle coule ensuite dans le seul département de la Gironde, où elle baigne Sainte-Foy, Pessac-de-Gensac, Castillon, Sainte-Terre, Saint-Jean-de-Blaignac, Branne, Libourne, Fronsac, Vayres, Cubzac et Bourg, ville appelée à tort Bourg-sur-Gironde, puisqu'elle commande la rive droite de la Dordogne.

Dans les environs de Sainte-Foy et jusqu'à Castillon, la Dordogne, aux eaux claires et souvent rapides, a une largeur de 100 à 200 mètres. Les grandes marées d'équinoxe montent de 4 mètres et demi à Libourne ; les fortes marées remontent jusqu'à Pessac, les marées ordinaires s'arrêtent vers le confluent de la Lidoire, un peu en amont de Castillon. Au-dessous de cette ville, la rivière commence à s'élargir. Vers Saint-Jean-de-Blaignac, elle devient fort sinueuse; à Libourne, elle a 300 mètres de largeur, en face de Fronsac près de 500, au pont de Cubzac plus de 500, à Bourg 1,200, et au Bec-d'Ambès, le fleuve du Périgord paraît plus considérable que celui de la Gascogne.

A Bergerac, elle ne roule que 36 mètres cubes par seconde, mais elle en a roulé, en 1783, jusqu'à 4,888 mètres cubes par seconde, 136 fois le volume de l'étiage minimum. Les crues inondent souvent les *paluds*, terres basses voisines de Libourne.

La Dordogne est plus ou moins navigable à la remonte comme à la descente, à partir de Souillac (Lot), pendant 250 kilomètres environ. Les bâtiments à quille naviguent entre le Bec-d'Ambès et Saint-Jean-de-Blaignac (64 kilomètres); enfin la navigation maritime, avec 4 à 5 mètres d'eau à marée basse, sauf quelques seuils, a 38 kilomètres de longueur, de Libourne au Bec : elle est contrariée par les changements de fond dus aux dépôts de vase et par l'impétuosité du mascaret. La navigation fluviale est assez importante à cause de l'expédition des vins de Bergerac et de Sainte-Foy ; mais la navigation maritime a grandement décrû depuis l'établissement des chemins de fer.

La Dordogne reçoit dans le département :

Au-dessus de Sainte-Foy, rive gauche, le *Seignal;* — à Sainte-Foy, le *Vénérol* (g.), venu d'une prairie marécageuse ; — à 3 kilomètres au-dessous de Sainte-Foy, la *Beauze* (g.) ; — à Eynesse, la *Gravouse* (g.) ; — à Saint-Avit-de-Soulège, la *Soulège* (g.) ; — à Pessac, la *Durège* (g.), qui baigne la colline de deux bourgs, Pellegrue et Gensac ; — au-dessus de Castillon (rive droite), la *Lidoire*, petite rivière aux eaux lourdes et peu abondantes qui a 45 kilomètres de cours : elle appartient essentiellement au département de la Dordogne, que vers son embouchure elle sépare quelque temps de celui de la Gironde ; — à Castillon, le *Trabat* ou *Rieuvert* (dr.) ; — à Civrac, le *Romendol* (g.), qui baigne le pied de la colline de Pujols, et l'*Escouach* (g.) ; — en face de Sainte-Terre, la *Gamage* (g.); — près de Saint-Jean-de-Blaignac, l'*Engranne* (g.); — à Branne, le *Fontada* (g.) ; — au-dessous de Moulon, la *Canodonne* (g.), formée dans les collines de Targon ; — à Libourne, l'Isle (dr.; *V.* ci-dessous), rivière très-importante ; — au port d'Arveyres, la *Souloire* (g.) ; — à Vayres, le ruisseau de *Gestas* (g.), venu des environs de Targon ; — près d'Izon, l'*Esteyde Canteranne* (g.), et plus bas, la *Laurence* (g.) et le ruisseau de la *Renauderie* (dr.) ; — près du pont de Cubzac, la *Virvée* (dr.) ; — en face d'Ambès, le *Moron* (dr.), qui commence au pied du coteau de Saint-Savin.

L'**Isle** est (avec la Vézère) l'affluent le plus considérable de la Dordogne. A son entrée dans le département, avant d'avoir reçu son grand tributaire, la Dronne, elle roule 10 mètres cubes par seconde à l'étiage ordinaire, et généralement 20 à 25 mètres cubes. L'Isle puise ses premières eaux dans le Limousin (Haute-Vienne). Elle entre dans la Gironde après 180 kilomètres à partir de sa source. Son cours, très-sinueux dans le département, y est de 55 kilomètres, ce qui donne 235 kilomètres pour le développement total. Dans la Gironde, l'Isle serpente dans une vallée de prairies qui a 4 à 6 kilomètres de largeur au-dessus du confluent de la Dronne, à la Fourchée, et 8 à 9 au-dessous. Elle passe à Saint-Médard-de-Guizières, au pied du coteau d'Abzac, à un kilomètre de Coutras, met en mouvement la grande minoterie de Laubardemont, à quelques centaines de mètres au-dessous de laquelle elle reçoit la Dronne; soumise, à partir de cette usine, à l'influence de la marée, elle baigne la colline de Guîtres, où tombe le Lary, et Saint-Denis-de-Piles. Elle reçoit, dans le département, le *Courbarieu* (rive dr.), la *Dronne* (dr.), le *Lary* (dr.), le *Galostre* (dr.), le *Palais* (g.), la *Barbanne de Lussac* (g.), la *Sayè* (dr.), la *Barbanne de Pommerol.*

La **Dronne**, aussi considérable que l'Isle en été, est la plus jolie rivière du département. Elle vient des petites montagnes du Limousin. Son cours, entre des rives charmantes, est de 178 kilomètres, dans la Haute-Vienne, la Dordogne et la Gironde, où elle n'a que 17 kilomètres, du confluent du *Chalaure* à la Fourchée : elle y serpente dans une vallée fertile, large de 3 à 5 kilomètres, reçoit le *Goulor*, fournit l'impulsion à la grande papeterie de Montfourat et baigne Coutras. — Le *Lary*, venu de la Charente par la Charente-Inférieure, n'a que 8 kilomètres dans la Gironde, sur un cours de plus de 50. — La *Saye* vient de la Charente-Inférieure; sur un cours de près de 45 kilomètres, les trois quarts reviennent à la Gironde ou lui servent de limite du côté de la Charente-Inférieure; elle passe à 5 kilomètres à l'est de Saint-Savin.

La **Gironde**, formée par la Garonne et la Dordogne, est un estuaire de 73 kilomètres de longueur, compris entre les pentes douces du Médoc, les marais et les talus calcaires ou crayeux du Blayais et de la Saintonge; elle a 3 kilomètres de largeur du Bec-d'Ambès à Blaye, 4 1/2 vis-à-vis de Pauillac, 6 1/2 à Saint-Christoly, plus de 10 entre Richard et Mortagne, 5 seulement à l'embouchure, entre la Pointe de Grave et la Pointe de Royan (Charente-Inférieure). Sa profondeur est très-variable : on trouve, à marée basse, 2 mètres 60 centimètres seulement entre le Bec-d'Ambès et l'île de Cazeau, et 34 ou 35 mètres au sud de Meschers. Les îles de Cazeau, du Nord,

Verte, du Pâté, du Fagnard, l'île Boucheau, l'île de Patiras, et de nombreux bancs entravent la navigation et empêchent l'eau salée de remonter en grandes quantités au-dessus de Pauillac. Deux passes mènent de la Gironde dans le golfe de Cordouan, dangereux par ses bancs de sable et par ses tempêtes.

L'estuaire girondin reçoit dans le département : la *Grande Jalle des Marais* (rive g.); la *Rigaudière* ou *Jalle de Tiquetorte* (g.), qui passe à Castelnau-de-Médoc ; le ruisseau de *Gamage* (dr.); la *Jalle de Saint-Laurent* (g.), dont un bras vient de Saint-Laurent-de-Médoc ; la *Livenne* (dr.), rivière de 50 kilomètres de cours, dont 32 dans la Gironde, et 18 dans la Charente-Inférieure, où elle naît au pied de la colline de Montlieu (à Etauliers, elle entre dans les marais de la Vergne et se transforme en un canal de dessèchement, dit *canal de Saint-Georges* ou *de Saint-Louis*) ; le *chenal de Guy* (g.), dont la partie supérieure est le ruisseau de Lesparre ; le *chenal de Saint-Vivien* (g.).

La **Leyre**, rivière charmante, roule des eaux claires et rapides sur un fond de sable. Son cours approche de 100 kilomètres : 60 dans les Landes et 40 dans la Gironde. De ses sources à son embouchure, elle ne quitte pas la Lande. Elle est formée, près de Moustey (Landes), par la jonction de la *Grande Leyre* (52 kilomètres) et de la *Petite Leyre* (48 kilomètres); dans le département de la Gironde, où elle reçoit beaucoup de *crastes* ou ruisseaux dont les plus longs sont la *Gaure*, le *Lassieu* et la *Canau*, tous trois sur la rive droite, la Leyre arrose Belin, Lugos, Salles, dont la vallée a été nommée le *Paradis des Landes*, Mios, Lamothe. Entre le Teich et Biganos, elle se divise en trois ou quatre bras qui portent leurs eaux dans le Bassin d'Arcachon, au sud de la petite ville d'Audenge.

Le **Bassin d'Arcachon** est la seule baie que l'on rencontre sur la côte rectiligne, uniformément dirigée du nord au sud, qui, sur 240 kilomètres de longueur, va de l'embouchure de la Gironde à l'embouchure de l'Adour. De la Pointe de Grave au cap Ferret, c'est-à-dire de l'arrivée de la Gironde en mer à l'entrée du Bassin, il y a près de 110 kilomètres, soit presque la moitié de ce long littoral de dunes couvertes de pins, désertes et sans port. Et sur ces 110 kilomètres, il n'y a de remarquable que cette Pointe de Grave même, jadis réunie à la roche de Cordouan par un isthme qu'a peu à peu dévoré l'Océan; les bains de Soulac, ville graduellement engloutie sous les sables, quand les dunes n'avaient point été fixées; la Pointe de la Négade, et les bains des Olives et de Montalivet.

Le Bassin d'Arcachon a 14,660 hectares, sans compter l'île des Oiseaux, vaste de 225 hectares; son pourtour est d'un peu plus de 60 kilomètres, non compris les petites sinuosités du rivage. Il est séparé de la mer par une langue de sable qui finit au cap Ferret. C'est entre ce cap et le massif de dunes recouvert par la forêt d'Arcachon que s'ouvre le chenal, divisé en plusieurs passes par des bancs de sable : à mer basse, il a 7 mètres de profondeur, avec un courant violent, et il débite, à marée descendante, autant d'eau que le fleuve des Amazones, première rivière du globe ; les navires assez heureux pour en franchir la barre changeante et souvent impraticable trouvent dans les rades du cap Ferret et d'Eyrac ou d'Arcachon 700 hectares de mouillage avec des fonds de 8 mètres. Arès, Andernos, Lanton, Audenge, Biganos, le Teich, Mestras, Gujan, la Teste-de-Buch, Arcachon, la charmante ville de bains, de petits hameaux, des maisons de pêcheurs bordent ses rives, fort belles dans la région sauvage des dunes, d'Arès au cap Ferret, ou d'Arcachon à la Pointe du Sud; laides, plates et monotones au contraire dans la partie orientale, partout où les pins s'éloignent des sables ou des chenaux, des prés mouillés, des marais à sangsues, des réservoirs à poissons et des marais salants de la rive.

Outre la Leyre, le Bassin reçoit diverses *crastes*, le chenal de l'étang de Cazau et la Lège.

Le canal de l'étang de Cazau a remplacé le ruisseau qui amenait au Bassin le tribut de l'étang de Cazau ; il devait porter des embarcations, irriguer des rizières, assainir le pays, et ne fait rien de tout cela, malgré un débit assez considérable même en été. Sur 15 kilomètres, il a 8 écluses. **L'étang de Cazau**, long de 11 à 12 kilomètres, large de 3 à 10, grand de

6,000 à 7,000 hectares, appartient pour trois cinquièmes aux Landes, pour deux cinquièmes à la Gironde, dans sa partie septentrionale; de même aussi, ses eaux, profondes de 14 mètres au maximum, sur fond de sable et de vase tourbeuse, se dirigent d'une part vers les Landes, pour gagner la mer par le courant de Mimizan, d'autre part vers la Gironde, pour aller gagner, avons-nous dit, le Bassin d'Arcachon. L'altitude de cette espèce de lac, entouré de bois de pins, est de 19 mètres.

La *Lége* ou *chenal des Étangs* est un canal éclusé navigable, large de 10 mètres, menant au Bassin les eaux des étangs de Hourtins et de La Canau et celles des *crastes* d'une notable portion des landes girondines.

L'**étang de Hourtins** ou **de Carcans,** ainsi nommé de deux villages, est vaste de 5,550 hectares. Il a été formé, comme tous ceux du littoral girondin et landais, par l'obstacle que la chaîne des dunes, haute ici de 60 à 70 mètres, a opposé au libre écoulement des crastes vers la mer. Situé, par 15 mètres d'altitude, à 4 kilomètres en moyenne de l'Océan, il a 17 kilomètres de longueur, sur 3 à 5 de largeur; sa profondeur maxima est de 14 mètres, précisément celle de l'étang de Cazau. Le marais de Talaris remplit en partie la dépression qui le sépare de l'étang de la Canau, situé à 6 kilomètres au sud.

L'**étang de la Canau**, séparé de l'Océan par des dunes bouleversées hautes de 40 à 60 mètres, a 8 kilomètres de longueur sur 2 à 4 de largeur; sa surface est de 2,000 hectares; son altitude, son aspect sont à peu près les mêmes que ceux de l'étang d'Hourtins. Son altitude est de 12 mètres.

IV. — Climat.

Le département de la Gironde ne renferme point de montagnes, et l'on sait que moins un lieu est haut, moins il y fait froid; d'autre part, il est coupé par le 45e degré de latitude, et se trouve par conséquent à égale distance du Pôle et de l'Équateur, c'est-à-dire dans la zone éminemment tempérée; enfin, il touche à l'Océan, qui a le privilége d'adoucir et d'égaliser la température. Pour toutes ces raisons, il jouit d'un climat doux, égal, agréable, le *climat girondin*, l'un des sept climats entre lesquels on a l'habitude de diviser notre pays. Ce nom de girondin tient précisément à ce que le climat règne sur le bassin de la Gironde, et notamment sur l'estuaire du fleuve. Les différences de température, très-peu sensibles, qu'on observe entre les lieux habités du département tiennent au degré d'altitude, à la situation dans les vallons ou sur les hauteurs, au voisinage ou à l'éloignement de l'Océan, du grand estuaire et des deux larges rivières du pays, à la nature calcaire ou sablonneuse du sol, à sa perméabilité ou à son imperméabilité.

Bordeaux a une température moyenne de 13°,02; la moyenne de l'hiver y est de 6°,20, celle du printemps de 12°,35, celle de l'été de 20°,48, celle de l'automne de 13°,32. En moyenne, il y a annuellement dans cette ville 102 très-beaux jours, et presque exactement autant de jours de pluie, 107. Si toute l'eau tombée du ciel pendant l'année restait sur le sol sans être absorbée par lui ou évaporée par le soleil, elle formerait, au bout des douze mois, une nappe d'eau de 831 millimètres d'épaisseur.

Dans la chaîne des dunes, sur le pourtour du Bassin d'Arcachon, dans les *lèdes* abritées par des collines de sable et des bois de pins ou qui s'ouvrent au vent de la mer, la température est plus douce qu'à Bordeaux; le climat d'Arcachon est si égal qu'il est recommandé aux phthisiques. Dans cette ville de bains, l'hiver (+ 6°,20 à Bordeaux) donne une moyenne de + 10° dans la forêt, de + 8° sur la plage.

V. — Curiosités naturelles.

La Gironde n'ayant pas de montagnes, il n'y faut point chercher de grandes curiosités naturelles, mais on trouverait difficilement un pays plus agréable à habiter que la moitié du département qui ne fait pas partie des Landes. Les seules curiosités naturelles qu'on y rencontre sont des grottes, des *gobios*, entonnoirs où se perdent les eaux, des sources de grande abondance, presque toutes dans les Landes, des fontaines intermittentes, des fontaines incrustantes, et quelques modestes cascades comme celle de Saint-Félix-de-Pommiers ou de-Foncaude, dans un vallon du bassin du Dropt.

VI. — Histoire.

Dans la période que l'on peut appeler préhistorique, le territoire qui forme aujourd'hui le département de la Gironde fut occupé par les Celtes. L'histoire mentionne ensuite les *Bituriges-Vivisci*, descendants des Celtes qui avaient fondé sur les bords de la Garonne un établissement considérable nommé *Burdigal*. Strabon le cite comme un marché célèbre. Des peuplades d'origine ibère ou ligurienne complétaient la population; c'étaient les *Boii*, pêcheurs qui abritaient leurs barques dans les ports de Boïes et de Noviomagus, aujourd'hui ensevelis sous les sables; les *Medulli*, habitants du Médoc; les *Belendi*, habitants des landes du Bélinois, et les *Vasates*, fondateurs de Bazas.

Lorsque Vercingétorix réunit tous les peuples de la Gaule pour tenter un suprême effort contre la domination romaine, aucune peuplade de la Gironde ne marcha au secours de la liberté gauloise. Les légions de César conquirent facilement le pays compris entre les Pyrénées et la Garonne, qui reçut le nom de province d'Aquitaine. Bientôt la grande voie romaine d'Arles à Toulouse fut continuée jusqu'à Burdigala, nom latin de Bordeaux.

Au IIe siècle de l'ère chrétienne, sous l'empereur Adrien, Bordeaux devint la métropole de la seconde Aquitaine, qui comprenait le Poitou, la Saintonge, l'Aunis, le Périgord, l'Agénois, l'Angoumois et le Bordelais.

Au IIIe siècle, saint Martial, saint Front et saint Martin prêchèrent la foi chrétienne dans le Bordelais et y subirent le martyre. La domination romaine avait répandu dans cette province les bienfaits de la civilisation : des temples magnifiques, des théâtres, des palais, des aqueducs embellissaient la métropole, et, au IVe siècle, les écoles de Bordeaux rivalisèrent avec celles de Rome et de Byzance. Ce fut l'apogée de son éclat. Au milieu de ce luxe et de ces splendeurs retentit le cri de guerre des Barbares.

En 412, les hordes des Vandales entrèrent à Bordeaux sans y trouver de résistance, tant les âmes étaient amollies ! A leur suite vinrent les Visigoths, dont la conquête fut plus durable ; ils érigèrent la seconde Aquitaine en un royaume dont Toulouse devint la capitale. Dès lors, Bordeaux perdit de son importance. Mais ces conquérants, qui étaient ariens, persécutèrent les évêques catholiques; ceux-ci appelèrent à leur secours Clovis, qui s'était converti au christianisme après la bataille de Tolbiac. Le roi des Francs s'avança donc contre les Visigoths et les défit complétement à la bataille de Vouillé (507). Cependant l'Aquitaine ne fut pas définitivement conquise par les Francs. En 731, les Sarrasins, maîtres de Narbonne, de Carcassonne et de Nîmes, s'emparèrent de Bordeaux, qui fut presque entièrement détruit. Charles-Martel les écrasa l'année suivante dans les plaines de Poitiers (732).

Au retour de son expédition d'Espagne, Charlemagne fit de l'Aquitaine un royaume auquel il donna Toulouse pour capitale. Louis le Débonnaire en fut le premier roi. Devenu empereur à son tour, Louis le Débonnaire laissa son ancien royaume à son second fils Pépin, dont le successeur, Pépin II, fut deshérité par Charles le Chauve, son oncle, à la suite d'une révolte. Louis le Bègue fut le dernier roi d'Aquitaine; ce royaume fut transformé en simple duché lorsque ce prince monta sur le trône de France.

Les ducs d'Aquitaine cherchèrent à se rendre de plus en plus indépendants et à agrandir leurs possessions. Aussi, lorsque Louis VII épousa Éléonore de Guyenne, fille unique du dernier duc, cette riche héritière apporta en dot au futur roi de France tout le pays compris entre Nantes et les Pyrénées. Mais le 18 mars 1152, cette union était rompue ; Éléonore, répudiée, épousa Henri Plantagenet, duc d'Anjou, qui fut, quelques années plus tard, roi d'Angleterre sous le nom de Henri II. C'est ainsi que ces belles et riches provinces se trouvèrent placées pendant trois siècles sous la domination anglaise, et furent, pendant toute cette période, la cause et le théâtre de guerres désastreuses.

Lorsque Jean sans Terre eut assassiné son neveu, Arthur de

Palais Gallien, à Bordeaux.

Bretagne, pour s'emparer du trône d'Angleterre, Philippe Auguste prit possession de toutes les provinces de France placées sous la domination anglaise. La Normandie, l'Anjou, la Touraine et le Poitou furent réunis à la couronne; mais il épargna la Guyenne, à la condition expresse que Jean et ses successeurs reconnaîtraient la suzeraineté du roi de France et lui rendraient désormais hommage lige (1204).

En 1293, Philippe le Bel s'empara de la Guyenne, tandis qu'une flotte française allait piller le port de Douvres ; mais l'intervention du pape Boniface VIII amena entre les deux rois une paix scellée par un mariage. Une fille de Philippe le Bel, Isabelle de France, épousa le fils d'Édouard Ier, et porta dans la Maison d'Angleterre des droits à la Couronne de France, droits que les princes étrangers feront valoir plus tard, et qui amèneront la désastreuse guerre de Cent-Ans (1299).

Après la bataille de Crécy (1346), Édouard III érigea la Guyenne en principauté en faveur de son fils, le prince de Galles, plus connu sous le nom de prince Noir. Le prince Noir s'établit à Bordeaux et y tint une cour brillante. Le roi Jean, fait prisonnier à la bataille de Poitiers (1356), séjourna quelque temps à Bordeaux avant d'être emmené en Angleterre.

Le prince Noir ayant épuisé son trésor dans son expédition en Espagne, entreprise pour le rétablissement de Pierre le Cruel sur le trône de Castille, voulut établir des impôts exorbitants. Mais les seigneurs gascons refusèrent de payer et en appelèrent au roi de France, Charles V, qui profita avec empressement de l'occasion qu'on lui offrait de recouvrer ses provinces du sud-ouest. A la mort d'Édouard III, les Anglais étaient presque chassés de France, et il ne leur restait plus sur le continent que Bayonne, Bordeaux, Brest, Cherbourg et Calais (1380).

Malgré les victoires du roi de France, la capitale de la Guyenne était restée dévouée à l'Angleterre. La démence de Charles VI fit perdre à la France toutes les acquisitions précédentes.

En 1451, une expédition en Guyenne fit tomber aux mains des Français les villes de Blaye, Libourne, Castillon, Saint-Émilion ; le 5 juin, Bordeaux ouvrit ses portes. L'année suivante, les Anglais ayant repris Bordeaux par trahison, les armées françaises recommencèrent la conquête du pays de Guyenne. La bataille de Castillon, où notre artillerie fit merveille et dé-

Château de Villandraut.

truisit 4,000 Anglais, rendit aux Français Libourne, Castillon et Saint-Émilion. Bordeaux, assiégé par terre et bloqué par mer, fut obligé de se rendre à discrétion, et, le 19 octobre 1453, Charles VII y fit son entrée triomphale.

Louis XI rendit à la capitale de la Guyenne les droits que son attachement à l'Angleterre lui avait fait enlever. Il y établit un parlement et releva son université. Bordeaux, qui avait perdu de son importance dans les premiers temps de la conquête française, recouvra toute sa prospérité sous le règne de François Ier.

La Réforme fit de nombreux prosélytes en Guyenne, que Calvin avait visitée en 1532, lorsqu'il fuyait de Paris pour se réfugier à Nérac, auprès de Marguerite de Navarre; et les querelles religieuses avaient déjà plusieurs fois ensanglanté cette province, lorsque, le 3 octobre 1572, le gouverneur de Bordeaux et le lieutenant du roi dans cette ville donnèrent le signal d'un nouveau massacre des protestants. Il y en eut 264 d'égorgés à Bordeaux, et toutes les maisons suspectes de Calvinisme furent, trois jours entiers, abandonnées au pillage. Sous Louis XIII et pendant la minorité de Louis XIV, Bordeaux fut le théâtre de plusieurs insurrections occasionnées par l'aggravation exorbitante des impôts et par la sévérité du gouverneur, le fameux duc d'Épernon. Quand son fils lui eut succédé, une véritable guerre éclata dans la province et se continua avec des vicissitudes diverses, jusqu'en 1653, où elle se termina par le siége de Bordeaux. « Louis XIV n'abusa pas de la victoire; dès que les troubles furent apaisés, il ne songea qu'à en effacer les traces. On aurait bien à lui reprocher la façon barbare dont il réprima, en 1675, une nouvelle émeute amenée par les impôts sur le timbre, le tabac et l'étain, et les calamités qui résultèrent, pour la cité bordelaise encore plus que pour quelques autres, de la révocation de l'édit de Nantes (1685); mais on peut opposer à ces tristes souvenirs les bienfaits dont il combla Bordeaux et qui furent pour cette ville la source de sa fortune commerciale et de sa grandeur. »

Pendant la seconde moitié du dix-huitième siècle, le parle-

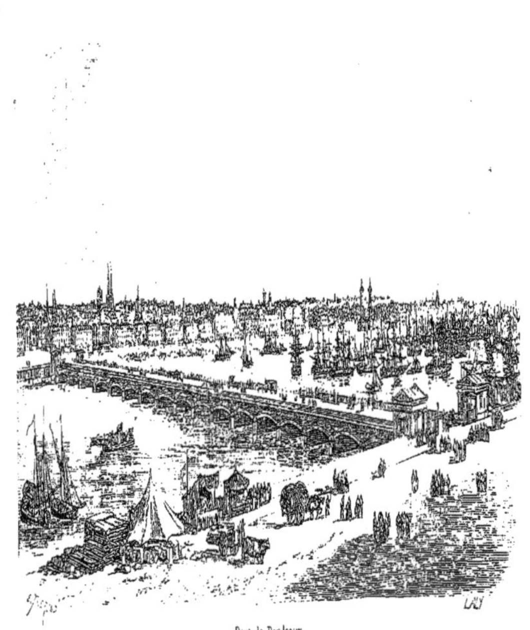

Port de Bordeaux.

ment de Bordeaux, dont l'ambition avait été à deux reprises comprimée par la royauté, essaya d'étendre les limites de son autorité. Il ne réussit qu'à se faire exiler à Libourne. La Révolution mit seule un terme à la lutte suprême qu'il avait engagée. Les représentants du département de la Gironde à l'Assemblée législative, puis à la Convention, et principalement Vergniaud, Guadet, Gensonné, Grangeneuve, Ducos et Fonfrède, ont rendu célèbre le nom des Girondins autour desquels se groupa le parti modéré de la Révolution. Après leur proscription en masse et le supplice de plusieurs d'entre eux, Bordeaux et quelques autres villes s'insurgèrent contre la Convention; mais Lacombe, Tallien et Jullien de Paris vinrent faire cruellement expier aux habitants l'intérêt trop légitime qu'ils avaient porté à leurs représentants.

Sous le Consulat, Bordeaux fut le centre d'une vaste conspiration royaliste qui avorta. Napoléon, devenu empereur, visita la Gironde et y fut reçu avec un enthousiasme indescriptible; mais, lorsque quatorze années de guerre et de blocus continental eurent ruiné presque complétement les populations de ce riche département, l'enthousiasme fit place à la haine, et, en 1814, le duc d'Angoulême, marchant à la tête des troupes anglo-espagnoles, y fut accueilli avec des cris de joie. Cependant, un an plus tard, lors du retour de l'île d'Elbe, Bordeaux ne sut pas rester fidèle aux Bourbons. Sous la seconde Restauration, cette ville vit tomber les têtes des deux frères Faucher, les jumeaux de la Réole, condamnés une première fois à mort sous la République pour crime de fédéralisme, grâciés, puis condamnés et exécutés sous Louis XVIII, pour avoir conservé un commandement militaire contre la volonté du gouvernement, et excité les citoyens à la guerre civile.

La révolution de 1830 fut accueillie avec faveur dans l'ancienne ville légitimiste; celle de 1848 y fut d'abord l'objet de quelques défiances. En 1852, le prince Louis-Napoléon, alors président de la République, visitant Bordeaux, y prononça un discours, dont la dernière phrase : « l'Empire, c'est la paix, » n'a été depuis que trop douloureusement démentie par cette guerre fatale de 1870, qui, entreprise sans raison, sans hommes, sans approvisionnement et si follement conduite, nous a coûté plus de 10 milliards et deux de nos provinces.

Sur la fin de la dernière guerre allemande, le 9 décembre 1870, Bordeaux devint le siége de la délégation du gouvernement provisoire. Le 12 février suivant, l'Assemblée nationale s'y réunit; elle y nomma, cinq jours après, M. Thiers président de la République, et, le 1er mars, vota les préliminaires de la paix par 546 voix contre 107. Les députés ne quittèrent Bordeaux que le 11 mars, pour aller siéger à Versailles.

VII. — Personnages célèbres.

Quatrième siècle. — Julius Ausonius, médecin de l'empereur Valentinien. — Le poëte Decius Magnus Ausonius (Ausone), fils du précédent et précepteur de l'empereur Gratien. — Saint Paulin, évêque de Nole en Campanie, l'élève et l'ami d'Ausone.

Cinquième siècle. — Marcellus l'Empirique, officier de la cour de Théodose le Grand. — Saint Prosper d'Aquitaine, défenseur de la doctrine de saint Augustin sur la grâce contre les Semi-Pélagiens, et auteur de poésies religieuses.

Douzième siècle. — Aliénor ou Éléonore de Guyenne, fille de Guillaume X, duc d'Aquitaine, épouse divorcée du roi de France Louis VII, dit le Jeune, reine d'Angleterre par suite de son mariage avec Henri Plantagenet. — Geoffroi Rudel, troubadour et seigneur de Blaye.

Treizième siècle. — Le troubadour Aimery de Bellinoy. — Bertrand de Goth, évêque de Comminges, archevêque de Bordeaux, puis pape sous le nom de Clément V.

Quatorzième siècle. — Jean de Grailly, dit le *Captal de Buch*, lieutenant de Charles le Mauvais, roi de Navarre, créé comte de Bigorre par les Anglais, deux fois prisonnier de Du Guesclin.

Quinzième siècle. — Pierre Berland, archevêque de Bordeaux, qui fit construire dans cette ville la tour isolée qui porte encore son nom (Pey-Berland). — Richard de Bordeaux, fils du prince Noir, roi d'Angleterre sous le nom de RICHARD II.

Seizième siècle. — GUILLAUME DE BORDES, astronome. — DE PONTAC, évêque de Bazas, prélat distingué. — Le jurisconsulte ALESME. — BERNARD GIRARD DU HAILLAN, l'auteur de la première histoire de France complète publiée en notre langue.

Dix-septième siècle. — Le P. SURIN, Jésuite, exorciste des Ursulines de Loudun, auteur d'ouvrages ascétiques. — Le cardinal FRANÇOIS D'ESCOUBLEAU DE SOURDIS, archevêque de Bordeaux, chef du conseil du roi (Louis XIII) en l'armée navale, se distingua au siége de la Rochelle et contre les Espagnols.

Dix-huitième siècle. — CHARLES SECONDAT DE MONTESQUIEU (1689-1755), le célèbre auteur de *l'Esprit des lois*, des *Considérations sur les causes de la grandeur et de la décadence des Romains* et des *Lettres Persanes*. — NICOLAS BEAUJON, philanthrope, fondateur de l'hôpital qui porte son nom, à Paris. — Les célèbres *Girondins*, députés à l'Assemblée législative, puis représentants à la Constituante, GUADET, DUCOS, BOYER-FONFRÈDE (J. B.), GENSONNÉ, GRANGENEUVE, morts tous les cinq sur l'échafaud. — PIERRE GARREAU, leur collègue dans les deux assemblées. — ALEXANDRE DELEYRE, leur collègue à la Convention, plus tard membre du conseil des Cinq-Cents. — LAFFON DE LADEBAT, député à l'Assemblée législative, membre du conseil des Cinq-Cents. — ROMAIN DE SÈZE, avocat au parlement de Bordeaux, défenseur de Louis XVI. — PH.-H. DUVIGNEAU, avocat au parlement de Bordeaux, défenseur des Girondins devant la Convention. — Les officiers de la République BARBAROUX et LUC DURANTEAU. — Le marin PIERRE BASTE, qui se distingua dans les combats de la République et de l'Empire. — Les généraux JEAN BOUDET et comte DE NANSOUTY. — DURANTON, avocat, ministre de la justice en 1792. — CÉSAR et CONSTANTIN FAUCHER, les *Jumeaux de la Réole*, généraux de la République. — ARMAND BERQUIN, auteur de livres d'éducation qui l'ont fait surnommer l'*Ami des enfants*. — LOUIS COMBES, architecte, auteur de plusieurs des

Château de Montesquieu, à la Brède.

monuments publics de Bordeaux. — Le chanteur JOSEPH-DOMINIQUE GARAT, frère du célèbre Garat.

Dix-neuvième siècle. — CH. MERCIER DUPATY, sculpteur, fils du célèbre avocat général du même nom. — Mgr ANTOINE DUPUCH, premier évêque d'Alger. — L'abbé NOAILLES, fondateur de nombreuses maisons religieuses et œuvres de bienfaisance. — Le vicomte DE MARTIGNAC, procureur général, premier ministre sous la Restauration. — Le comte DE PEYRONNET, garde des sceaux, ministre de l'intérieur en 1830. — Le duc DECAZES, ministre sous la Restauration. — ANTOINE JAY, membre de l'Académie française, fondateur du *Constitutionnel.* — HENRI FONFRÈDE, écrivain politique, fils du Girondin. — PIERRE VIGIER, poëte et tonnelier à Bordeaux. — FRANÇOIS MAGENDIE, chirurgien, auteur de plusieurs beaux ouvrages d'anatomie. — Le naturaliste THÉODORE ROGER. — Le musicien SARRETTE, premier directeur du Conservatoire de musique. — Le violoniste PIERRE RODE, professeur au Conservatoire. — Les peintres CARLE VERNET, AUGUSTIN ROGER, GASSIES, PIERRE, JEAN et JEAN-PAUL ALAUX, J. R. BRASCASSAT et ADRIEN DAUZATS. — Les peintres-graveurs LÉON PAILLÈRE et BERGERET. — Mme BODINIER, aquarelliste, fille et elève de Jean-Paul Alaux. — M. DUFAURE, avocat, ministre des travaux publics sous Louis-Philippe, de l'Intérieur sous la République de 1848 et de la justice depuis la chute de l'Empire.

VIII. — Population, langue, cultes, instruction publique.

La *population* de la Gironde s'élève, d'après le recensement de 1876, à 735,242 habitants. A ce point de vue, c'est le cinquième département. Le chiffre des habitants divisé par celui des hectares donne environ 72 habitants par 100 hectares ou par kilomètre carré : c'est ce qu'on nomme la *population spécifique.* La France entière ayant 68 à 69 habitants par kilomètre carré, il en résulte que le département de la Gironde renferme, à surface égale, 3 à 4 habitants de plus que l'ensemble de notre pays.

Depuis 1801, date du premier recensement officiel, la Gironde a gagné 252,519 habitants.

Les habitants des villes parlent le français, mais avec un accent provincial; les ouvriers et les paysans emploient l'idiome gascon, dérivé de la langue romane et divisé d'ailleurs, suivant les cantons, en patois particuliers. Aujourd'hui le gascon, chassé presque de partout, est rempli de termes nouveaux, et il serait difficile d'y reconnaître le langage expressif et pittoresque que Montaigne proclamait, au seizième siècle, « autant nerveux, puissant et pertinent comme le françois est gratieux, délicat et abondant. »

Les cultes sont inégalement partagés dans le département. On y compte environ 684,000 catholiques, 13,000 protestants et 3000 israélites. La Gironde est le département français qui a le plus de protestants dissidents, c'est-à-dire sans relations avec l'État.

Le nombre des *naissances* dans le département a été, en 1875, de 15,604 ; celui des *décès*, de 15,073 ; celui des *mariages*, de 5973.

La *vie moyenne* est de 35 ans 2 mois.

Le *lycée* de Bordeaux (avec petit collége) a compté, en 1876, 1000 élèves; les 3 *colléges communaux* (Blaye, Libourne, la Réole), 454 ; les *institutions secondaires libres*, 3685 ; les *écoles primaires*, 82,464 ; les *salles d'asile*, 11,574.

Le recensement de 1866 avait donné les résultats suivants :

Ne sachant ni lire ni écrire.	280.552
Sachant lire seulement.	50.439
Sachant lire et écrire.	361,885
Dont on n'a pu vérifier l'instruction. . . .	6,124
Total de la population civile. . .	690,000

Sur 95 accusés de crimes, en 1865, on avait compté :

Accusés ne sachant ni lire ni écrire.	42
— sachant lire ou écrire imparfaitement. . .	38
— sachant bien lire et bien écrire.	13
— ayant reçu une instruction supérieure. .	2

IX. — Divisions administratives.

Le département de la Gironde forme : le diocèse de Bordeaux ; — la 1re subdivision de la 14e division militaire (Bordeaux) du 6e corps d'armée (Toulouse). — Il ressortit : à la cour d'appel de Bordeaux ; — à l'académie de Bordeaux ; — à la 14e légion de gendarmerie (Bordeaux) ; — au 4e arrondissement maritime ; — à la 10e inspection des ponts-et-chaussées ; — à la 29e conservation des forêts (Bordeaux) ; — à l'arrondissement minéralogique de Bordeaux (division du S.-O.) ; — à la 7e région agricole (S.-O.). — Il comprend : 6 arrondissements (Bordeaux, Bazas, Blaye, Lesparre, Libourne, la Réole), 48 cantons, 552 communes.

Chef-lieu du département : BORDEAUX.

Chefs-lieux d'arrondissement : BORDEAUX ; BAZAS ; BLAYE ; LESPARRE ; LIBOURNE ; LA RÉOLE.

Arrondissement de Bazas (7 cant. ; 71 com. ; 148,926 hect. ; 54,795 h.).

Canton d'Auros (14 com. ; 11,857 hect. ; 7,347 h.). — Aillas — Auros — Barie — Bassanne — Berthez — Brannens — Brouqueyran — Castillon-de-Castets — Coimères — Lados — Pondaurat — Puybarban — Savignac — Sigalens.

Canton de Bazas (13 com. ; 19,794 hect. ; 11,410 h.). — Aubiac — Bazas — Bernos — Birac — Cazats — Cudos — Gajac — Gans — Lignan — Marimbaut — Nizan (Le) — Saint-Côme — Sauviac.

Canton de Captieux (6 com. ; 25,443 hect. ; 3,526 h.). — Captieux, — Escandes — Giscos — Goualade — Lartigue — Saint-Michel-de-Castelnau.

Canton de Grignols (10 com. ; 12,482 hect. ; 5,180 h.). — Cauvignac — Cours — Grignols — Labescau — Lavazan — Lerm-et-Musset — Marions — Masseilles — Sendets — Sillas.

Canton de Langon (13 com. ; 12,388 hect. ; 13,022 h.). — Bieujac — Bommes — Castets — Fargues — Langon — Léogats — Mazères — Roaillan — Saint-Loubert — Saint-Pardon-de-Conques — Saint-Pierre-de-Mons — Sauternes — Toulenne.

Canton de Saint-Symphorien (7 com. ; 29,217 hect. ; 5,916 h.) — Balizac — Hostens — Louchats — Origne — Saint-Léger-de-Balson — Saint-Symphorien — Tuzan (Le).

Canton de Villandraut (8 com. ; 34,745 hect. ; 8,394 h.). — Bourideys

Cazalis — Lucmau — Noaillan — Pompéjac — Préchac — Uzeste — Villandraut

Arrondissement de Blaye (4 cant.; 56 com.; 72,216 hect.; 58,036 h.).

Canton de Blaye (13 com.; 10,803 hect.; 15,428 h.). — Berson — Blaye-et-Sainte-Luce — Campugnan — Cars — Cartelègue — Fours — Mazion — Plassac — Saint-Androny — Saint-Genès-des-Fours — Saint-Martin-Lacaussade — Saint-Paul — Saint-Seurin-de-Cursac.

Canton de Bourg (16 com.; 11,887 hect.; 13,501 h.). — Bayon — Bourg-et-Lalibarde — Comps — Gauriac — Lansac — Marcamps — Mombrier — Prignac-et-Cazelles — Pugnac — Saint-Ciers-de-Canesse — Saint-Seurin-de-Bourg — Saint-Trojan — Samonac — Tauriac — Teuillac — Villeneuve.

Canton de Saint-Ciers-la-Lande (11 com.; 21,605 hect; 13,753 h.). — Anglade — Braud-et-Saint-Louis — Étauliers — Eyrans-de-Soudiac — Marcillac — Pleneselve — Reignac — Saint-Aubin-Lalande — Saint-Caprais — Saint-Ciers-Lalande — Saint-Palais-Lalande.

Canton de Saint-Savin (16 com.; 27,921 hect.; 15,354 h.). — Cavignac — Cézac — Civrac — Cubnezais — Donnezac — Fosse (La) — Générac — Marnais — Marsas — Ruscade (La) — Saint-Christoly — Saint-Girons — Saint-Mariens — Saint-Savin — Saint-Vivien-la-Fosse — Saugon.

Arrondissement de Bordeaux (18 cant.; 158 com.; 409,313 hect.; 412,123 h.).

Canton d'Audenge (7 com.; 57,767 hect.; 8,670 h.). — Andernos — Audenge — Biganos — Lanton — Lége — Mios.

Canton de Belin (6 com.; 51,002 hect.; 10,033 h.). — Barp (Le) — Beliet — Belin — Lugos — Saint-Magne — Salles.

Canton de Blanquefort (10 com.; 22,408 hect.; 13,801 h.). — Blanquefort — Eyzines — Haillan (Le) — Ludon — Macau — Parempuyre — Pian-en-Médoc (Le) — Saint-Aubin — Saint-Médard-en-Jalle — Taillan (Le).

Cantons de Bordeaux (6 cant.; 6 com. dont 5 rurales; 6,994 hect.; 236,211 h.). — Bègles — Bordeaux — Bouscat (Le) — Bruges — Caudéran — Talence.

Canton de Cadillac (16 com.; 9,710 hect.; 13,988 h.). — Béguey — Cadillac — Capian — Cardan — Donzac — Gabarnac — Langoiran — Lestiac — Loupiac-de-Cadillac — Monprimblanc — Omet — Paillet — Rions — Roque (La) — Sainte-Croix-du-Mont — Villenage-de-Rions.

Canton de Carbon-Blanc (18 com.; 21,279 hect.; 21,022 h.). — Ambarès — Ambès — Artigues — Bassens — Beychac-et-Cailleau — Bouliac — Carbon-Blanc — Cenon — Floirac — Lormont — Monferrand — Montussan — Sainte-Eulalie — Saint-Loubès — Saint-Sulpice-et-Cameyrac — Saint-Vincent-de-Paul — Tresses — Yvrac.

Canton de Castelnau (19 com.; 80,864 hect.; 18,928 h.). — Arcins — Arsac — Avensan — Brach — Cantenac — Castelnau — Cussan — Labarde — Lacanau — Lamarque — Listrac — Margaux — Moulis — Porge (Le) — Sainte-Hélène — Salaunes — Saumos — Soussans — Temple (Le).

Canton de Créon (28 com.; 19,979 hect.; 17,458 h.). — Baurech — Blézignac — Bonnetan — Camarsac — Cambes — Camblanes-et-Meynac — Carignan — Cénac — Créon — Croignon — Cursan — Fargues — Haux — Lignan — Loupes — Madirac — Pompignac — Pont (Le) — Quinsac — Sadirac — Saint-Caprais-de-Quinsac — Saint-Genès-de-Lombaud — Saint-Léon — Sallebœuf — Sauve (La) — Tabanac — Tourne (Le) — Tresne (La).

Canton de la Brède (13 com.; 31,830 hect.; 12,661 h.). — Aiguemorte — Beautiran — Cabanac-Villagrins — Cadaujac — Castres — Isle-Saint-Georges — Brède (La) — Léognan — Martillac — Saint-Médard-d'Eyrans — Saint-Morillon — Saint-Selve — Saucats.

Canton de Pessac (8 com.; 27,530 hect.; 15,688 h.). — Canéjan — Cestas — Gradignan — Illac — Martignas — Mérignac — Pessac — Villenave-d'Ornon.

Canton de Podensac (13 com.; 10,899 hect.; 17,482 h.). — Arbanats — Barsac — Budos — Cérons — Guillos — Illats — Landiras — Podensac — Portets — Preignac — Pujols — Saint-Michel — Virelade.

Canton de Saint-André-de-Cubzac (10 com.; 18,117 hect.; 9,145 h.). — Aubrie-et-Espessas — Cubzac — Gauriaguet — Peusard — Saint-André-de-Cubzac — Saint-Antoine — Saint-Gervais — Saint-Laurent-d'Arce — Salignac — Virsac.

Canton de la Teste (4 com.; 33,376 hect.; 15,036 h.). — Arcachon — Gujan — Teich (Le) — Teste-de-Buch (La).

Arrondissement de Lesparre (4 cant.; 31 com.; 117,409 hect.; 44,002 h.).

Canton de Lesparre (15 com.; 70,173 hect.; 19,704 h.). — Bégadan — Blaignan — Civrac — Gailland — Lesparre — Naujac — Ordonnac — Prignac — Queyrac — Saint-Christoly — Saint-Germain-d'Esteuil — Saint-Seurin-de-Cadourne — Saint-Yzans — Valeyrac — Vendays.

Canton de Pauillac (6 com.; 14,479 hect.; 11,739 h.). — Cissac — Pauillac — Saint-Estèphe — Saint-Julien — Saint-Sauveur — Verteuil.

Canton de Saint-Laurent-et-Benon (3 com.; 42,405 hect.; 5,229 h.). — Carcans — Hourtins — Saint-Laurent-et-Benon.

Canton de Saint-Vivien (7 com.; 20,352 hect.; 7,330 h.). — Grayan-et-l'Hôpital — Jau-Loirac-et-Dignac — Saint-Vivien — Soulac — Talais — Vensac — Verdon (Le).

Arrondissement de Libourne (9 cant.; 133 com.; 123,537 hect.; 114,305 h.).

Canton de Branne (19 com.; 13,570 hect.; 10,087 h.). — Baron — Branne — Cabara — Camiac-et-Saint-Denis — Daignac — Dardenac — Espiet — Génissac — Grézillac — Guillac — Jugazan — Lugagnac — Moulon — Naujan-et-Postiac — Nérigean — Saint-Aubin-de-Blagnac — Saint-Germain-du-Puch — Saint-Quentin-de-Baron — Tizac-de-Curton.

Canton de Castillon (14 com.; 9,937 hect.; 10,673 h.). — Belvès — Castillon — Gardegan — Saint-Étienne-de-Lisse — Saint-Genès — Saint-Hippolyte — Saint-Laurent-de-Combes — Saint-Magne — Saint-

Pey-d'Armens — Saint-Philippe — Sainte-Colombe — Sainte-Terre — Salles (Les) — Vignonet.

Canton de Coutras (12 com.; 18,930 hect.; 13,563 h.). — Abzac — Camps — Chamadelle — Coutras — Églisottes-et-le-Chalaure (Les) — Fieu (Le) — Peintures (Les) — Porchères — Saint-Antoine-de-l'Isle — Saint-Christophe — Saint-Médard-de-Guizières — Saint-Seurin-sur-l'Isle.

Canton de Fronsac (18 com.; 12,805 hect.; 11,302 h.). — Asques — Cadillac-sur-Dordogne — Fronsac — Galgonet-Queyrac — Lande-de-Cubzac (La) — Lugon-et-l'Isle-de-Carney — Mouillac — Périssac — Rivière (La) — Saillans — Saint-Aignan — Saint-Genès-de-Queuil — Saint-Germain-de-la-Rivière — Saint-Michel-de-la-Rivière — Saint-Romain-la-Virvée — Tarnès — Vérac — Villegouge.

Canton de Guîtres (13 com.; 18,334 hect.; 11,877 h.). — Bayas — Bonzac — Guîtres — Gorce (La) — Pouyade (La) — Maransin — Sablon — Saint-Ciers-d'Abzac — Saint-Denis-de-Pile — Saint-Martin-de-Laye — Saint-Martin-du-Bois — Savignac-de-l'Isle — Tizac-de-Galgon.

Canton de Libourne (10 com.; 13,544 hect.; 26,025 h.). — Arveyres — Billaux (Les) — Cadarsac — Izon — Lande-de-Libourne (La) — Libourne — Pomerol — Saint-Émilion — Saint-Sulpice-de-Falerens — Vayres.

Canton de Lussac (16 com.; 14,059 hect.; 9,724 h.). — Artigues (Les) — Francs — Gours — Lussac — Monbadon — Montagne — Néac — Palais (Le) — Parsac — Puisseguin — Puynormand — Saint-Christophe-des-Bardes — Saint-Cibard — Saint-Georges-de-Montagne — Saint-Sauveur — Tayac.

Canton de Pujols (16 com.; 10,900 hect.; 9,535 h.). — Bossugan — Civrac-de-Dordogne — Coubeyrac — Doulezon — Flaujagues — Gensac — Juillac — Mouliet-et-Villemartin — Passac-de-Gensac — Pujos — Rauzan — Saint-Jean-de-Blaignac — Saint-Pey-de-Castets — Saint-Vincent-de-Pertignas — Sainte-Florence — Sainte-Radegonde.

Canton de Sainte-Foy-la-Grande (15 com.; 11,452 hect.; 11,519 h.). — Caplong — Eynesse — Lèves-et-Thoumeyragues (Les) — Ligueux — Margueron — Pineuilh — Riocaud-et-Sainte-Croix-des-Égrons — Roquille (La) — Saint-André-et-Appelles — Saint-Avit-de-Soulége — Saint-Avit-du-Moiron — Saint-Nazaire — Saint-Philippe-du-Seignac — Saint-Quentin-de-Caplong — Sainte-Foy-la-Grande.

Arrondissement de la Réole (6 cant.; 103 com.; 83,049 hect.; 52,001 h.).

Canton de Monségur (15 com.; 11,370 hect.; 6,955 h.). — Castelmoron — Cours — Coutures — Dieulivol — Landerrouet — Mesterrieux — Monségur — Neuffons — Puy (Le) — Rimons — Roquebrune — Saint-Sulpice-de-Guilleragues — Saint-Vivien — Sainte-Gemme — Taillecavat.

Canton de Pellegrue (10 com.; 12,542 hect.; 4,976 h.). — Aurioles — Caumont — Cazaugitat — Landerrouat — Listrac-de-Durèze — Massugas — Pellegrue — Saint-Antoine-de-Queyret — Saint-Ferme — Soussac.

Canton de la Réole (24 com.; 11,415 hect.; 14,716 h.). — Bagas — Blaignac — Bourdelles — Camiran — Casseuil — Esseintes (Les) — Floudès

— Fontet — Fossés-et-Baleyssac — Gironde-et-Sainte-Pétronille — Hure — Loubens — Loupiac-de-Blaignac — Mongauzy — Mothe-Landeron (La) — Montagoudin — Morizès — Noaillac — Réole (La) — Saint-André-du-Garn — Saint-Exupéry — Saint-Hilaire-la-Noaille — Saint-Michel-Lapujade — Saint-Sève.

Canton de Saint-Macaire (14 com.; 9,874 hect.; 9,883 h.). — Aubiac-et-Verdelais — Caudrat — Pian-sur-Garonne (Le) — Saint-André-du-Bois — Saint-Germain-de-Grave — Saint-Laurent-du-Bois — Saint-Laurent-du-Plan — Saint-Macaire — Saint-Maixant — Saint-Martial — Saint-Martin-de-Sescas — Saint-Pierre-d'Aurillac — Sainte-Foy-la-Longue — Semens.

Canton de Sauveterre (21 com.; 16,607 hect.; 8,811 h.). — Blasimont — Castelviel — Cleyrac — Coirac — Daubèze — Gornac — Mauriac — Mérignas — Mourens-et-Montpezat — Puch (Le) — Ruch — Saint-Brice — Saint-Félix-de-Foncaude — Saint-Hilaire-du-Bois — Saint-Léger-de-Vignague — Saint-Martin-de-Lerm — Saint-Martin-du-Puy — Saint-Romain-de-Vignague — Saint-Sulpice-de-Pommier — Sallebruneau — Sauveterre.

Canton de Targon (19 com.; 22,300 hect.; 6,689 h.). — Arbis — Baigneaux — Bellebat — Bellefond — Cantois — Cessac — Courpiac — Escoussans — Faleyras-et-Saint-Germain — Frontenac — Ladaux — Lugasson — Martres — Montignac — Romagne — Saint-Genis-du-Bois — Saint-Pierre-de-Bat — Soulignac — Targon.

X. — Agriculture.

Sur les 974,032 hectares du département, on compte en nombres ronds :

Terres labourables.	208,400 hectares.
Prés.	71,900
Vignes.	133,200
Bois.	169,600
Landes.	313,700

Le reste se partage entre les farineux, les cultures potagères, maraîchères et industrielles, les étangs, les emplacements de villes, de bourgs, de villages, de fermes, les surfaces prises par les routes, les chemins de fer, les cimetières, etc.

En nombres ronds, on compte dans le département : 41,500 chevaux (de petite taille), ânes ou mulets; 131,300 bœufs; 413,700 moutons, de race chétive; 84,800 porcs; 2,300 chèvres, et plus de 37,000 chiens. La volaille est assez nombreuse pour produire annuellement plus de 600,000 œufs; et des milliers de ruches sont établies dans les bruyères des Landes.

Le sol de la Gironde est des plus riches dans les plaines et sur les coteaux; mais l'agriculture est généralement mal entendue. Le seul engrais employé est le fumier. Le sol produit beaucoup de céréales. On y trouve de nombreuses prairies naturelles et artificielles qui se répandent chaque jour par le desséchement des marais. La culture du chanvre, du riz et celle du tabac sont très-prospères. Quelques communes produisent une grande quantité de légumes : les oignons de Castillon-sur-Dordogne et les artichauts de Ludon sont bien connus des habitants bordelais. Mais la principale industrie agricole de la Gironde, c'est la vigne.

Le département possède plus de 130,000 hectares de vignobles produisant, année moyenne, 2,280,000 hectolitres de **vins** connus sous les noms de vins du Médoc, vins de Graves, vins de Côtes, vins de Palus et vins d'Entre-deux-Mers.

Le véritable *Médoc* commence dans la commune de Macau et finit à Saint-Seurin-de-Cadourne. Ses trois grands crus sont Château-Margaux, Château-Laffitte et Château-Latour; les seconds crus sont Branne-Mouton, Château-Rauzan, Léoville, Gruaud-Larose, Pichon-Longueville, Cos-d'Estournel, Château-Monrose, Ducru-Baucaillou, Branne-Cantenac, Vivens-Durfort, Lascombes; viennent ensuite les troisièmes grands crus, Château-Lagrange, Château-Langoa, Château-Giscours, etc. « Les vins du Médoc se distinguent tout d'abord par une âpreté qui leur est spéciale, par leur finesse, leur séve, leur moelleux, et surtout par le bouquet qu'ils exhalent après plusieurs années de garde; tous jouissent, en outre, de cette propriété remarquable de pouvoir être bus à haute dose sans fatiguer la tête ni l'estomac. Sous ce rapport, aucun autre vin de France ne peut leur être comparé. » Le Médoc comprend 20,000 hectares, et le produit annuel atteint 40,000 tonneaux, dont 9,000 seulement de vins fins.

On appelle *Graves* la couche de graviers mêlée de sable et d'argile qui recouvre les plaines hautes de formation tertiaire, voisines des confluents de la Garonne et de la Dordogne, du Ciron et de la Garonne, de l'Isle et de la Dordogne, soit une zone de 50 kilomètres, depuis Castillon-sur-Gironde jusqu'au delà de Langon. A l'exception du cru célèbre de Château-Haut-Brion, les Graves sont plus remarquables par leurs vins blancs (Sauternes, Barsac, Bommes, etc.) que par leurs vins rouges.

Les vins de *Côtes* les plus renommés sont ceux de Saint-Émilion, de Pommerol, de Saint-Laurent, de Saint-Hippolyte, de Saint-Christophe, de Saint-Georges.

Les vins de *Palus* s'obtiennent sur les terrains d'alluvions qui bordent les deux rives de la Garonne, près de Bordeaux.

Quant à l'*Entre-deux-Mers*, les vins qu'il produit ne se recommandent par aucune distinction. Les vins rouges y sont rares et de qualité médiocre ; les vins blancs, au contraire, font l'objet d'un commerce important.

La Gironde est très-boisée. Le Bazadais est en grande partie recouvert de bois. Le plateau landais offre de vastes **forêts** de pins et de chênes, dont les plus belles sont celles d'Arcachon et de la Teste et les semis de l'État. La forêt d'Arcachon a 3,600 hectares de superficie; celle de la Teste, 3,980.

Les forêts des landes sont habitées par le loup, le renard, le chevreuil, le chat sauvage, l'écureuil, le putois, le hérisson. Les canards sauvages sont très-nombreux dans l'île de la Teste, où, pendant l'hiver, on les prend par milliers. On trouve dans les landes voisines des bois de pins, l'outarde, l'oie sauvage, la canepetière, la grue et même le cygne. Les côtes et le Bassin d'Arcachon sont fréquentés par des espèces d'oiseaux rares en Europe, surtout parmi les ansères et les goëlands. Les plongeons, les mouettes et les courlis ne sont pas rares non plus dans les parages girondins.

La Gironde a des *arbres fruitiers* de toute sorte, et principalement des pruniers, des pêchers, des figuiers, des amandiers, surtout sur le territoire d'Arveyres dont les paluds, marais d'une fertilité extraordinaire, inondés chaque année par la Dordogne, sont plantés de vignes et d'arbres fruitiers. — L'osier et le mûrier forment aussi une partie assez importante de l'agriculture du département.

XI. — Industrie.

L'exploitation des mines et carrières n'est pas très-active dans le département. Pourtant on rencontre des *minerais de fer* rares et pauvres dans les environs de Captieux, à Balizac, à Cabanac, Goualade, la Lande-de-Cubzac, Lucmau, Saint-Michel-de-Castelnau, Salles, Saint-Symphorien et Tuzan; deux minières seulement sont utilisées.

Parmi les *carrières de pierres*, nous citerons celles de Latresne, de Saint-Macaire, de Frontenac, de Pondaurat, du canton de Branne, de Créon, d'Anglade, de Barsac, de Beautiran ; celles de Beguey, dont les produits sont excellents; celles de Bourg-sur-Gironde, qui s'ouvrent dans les flancs des coteaux de la rive droite de la Gironde et qui servent en partie d'habitations; celles de Caudrot, dont la pierre, qui s'exporte très-loin, a servi à la construction d'un grand nombre de gares du Midi. Ajoutons à cette nomenclature la commune de Cessac, renommée pour ses pierres tendres, celles de Bellefond, Cubzac, Daignac, du canton de Fronsac, Lugasson, Illats; de Langoiran, dont les carrières forment de vastes galeries souterraines; de Comps, Mérignas, Montagne, Pugnac et Rauzan.

Trois ou quatre localités, Bassens, Gans, Salles, Teuillac, extraient de l'*argile* et un *calcaire* assez grossier. On rencontre à Belin d'immenses dépôts de *sable* utilisé par les verreries du département. Daignac et Gradignan ont des *marnières*.

La *pierre à plâtre*, assez commune dans le reste de la France, ne s'exploite guère dans la Gironde. La *tourbe*, au contraire, est abondante dans les communes de Saint-Aubin, Baron, Saint-Caprais, Saint-Ciers-la-Lande, Étauliers, Eyrans, Saint-Giron, Saint-Palais-la-Lande, Pléneselve, Reignac, etc.; mais l'exploitation en est presque nulle. Un autre combustible, le *lignite*, est l'objet d'une exploitation insignifiante qui occupe quelques habitants de Belliet, Cestas et Pont-Mazois, hameau de la commune de Pessac, près de Bordeaux.

Mais l'extraction minérale qui donne lieu à l'industrie la plus importante dans le département est celle du *sel*, qu'on retire des huit marais salants de Grayan, Jau-et-Loirac, Soulac, Saint-Vivien, etc., et surtout de Certes, hameau de la commune d'Audenge.

Les principales *sources minérales* sont celles de Linas (commune d'Arsac), de Castelnau-de-Médoc, de Cestas, de Cours. La source ferrugineuse de cette dernière localité, située au moulin de la Rode, est utilisée par un établissement de bains assez fréquenté. Les eaux minérales de Saint-Félix-de-Foncaude et de Saint-Laurent-et-Benon sont également ferrugineuses. Les deux sources de Pessac, de même nature, ont les mêmes propriétés. Enfin Saucats a des eaux minérales froides, carbonatées et ferrugineuses.

Parmi les *établissements métallurgiques* de la Gironde, nous citerons : les forges de Beguey, Baulac (commune de Bernos), de Bordeaux, de Lugos; les fonderies de Saint-André-de-Cubzac, de Baulac, de Bordeaux, de Biganos, de Libourne; le laminage de métaux de Bordeaux; les clouteries de Bordeaux et de Libourne; les fabriques d'instruments aratoires de Cadillac et Bordeaux; les ateliers pour la construction des machines à vapeur, serrurerie, etc., de cette dernière ville.

Des établissements bien plus importants que les usines à fer sont les **chantiers de constructions maritimes** de Bordeaux, autour desquels se groupent toutes les industries qui concourent à l'armement des navires; forges pour tôlerie et clouterie, corderies, voileries et poulieries, menuiserie, sculpture et peinture. Ces divers établissements font vivre une population de 20,000 individus environ : les chantiers de construction seuls occupent quelquefois jusqu'à 4,000 ouvriers. Il en sort, en moyenne, 40 à 50 navires par an. Cependant, depuis la transformation de la marine en bois en marine en fer, Bordeaux ne construit plus autant que par le passé. — Libourne, Blaye, Coutras, Fronsac, Langoiran, la Reuille (commune de Bayon), le Rigalet (commune de Gauriac), d'où sortent des navires de 400, de 500 et même 1,000 tonneaux, et Lormont, construisent des navires ou des bateaux. Les chantiers de Libourne livrent à la navigation des navires de 200 tonneaux.

Une industrie très-répandue, c'est la préparation des matières résineuses. La résine se divise en deux espèces : le *barras* et la *gemme*. Ces deux produits du pin, traités dans les fabriques du pays, donnent l'essence de térébenthine, le brai, le goudron et la colophane.

D'autres genres d'industrie également spéciaux au département de la Gironde sont l'élève des huîtres, celle des poissons et celle des sangsues. C'est près de l'île aux Oiseaux, dans le Bassin d'Arcachon, que se trouve la principale ferme-école du gouvernement pour l'élève des huîtres. Au commencement de 1867, il y avait environ 35 millions, d'huîtres dans les parcs de l'État ; les propriétaires des différentes concessions en avaient à peu près autant sur 400 hectares de crassats épars dans les diverses parties du Bassin. Le Bassin, bien exploité, devrait fournir annuellement au commerce 800 millions d'huîtres, donnant un revenu de 14 à 15 millions de francs ; mais il ne fournit encore que 9 à 10 millions de ces testacés, au prix de 300,000 francs environ. Toutefois la production augmente sans cesse et semble être sortie de la période des essais pour entrer dans celle de la pratique.

Les principaux réservoirs à poissons, établis autour du Bassin d'Arcachon, sont ceux de Certes, hameau de la commune d'Audenge, défendus par un admirable système de digues. Ils produisent en moyenne 100,000 kilogrammes de poissons par an.

Les sangsues s'élèvent aux environs de Bordeaux et du Bassin d'Arcachon, et surtout à Audenge ; 1,600,000 environ de ces annélides sont livrés chaque année au commerce.

Parmi les autres établissements industriels de la Gironde, on peut citer les deux papeteries des Églisottes : — l'une, des plus importantes de France, à Montfourat ; l'autre, qui n'est qu'une succursale, à Reyraud-du-Moulin ; — celles de Saint-Michel-de-Castelnau, de Pompéjac, et de Bernos ; les scieries de Bordeaux, Blaye, Libourne, Vayres et

Villandraut; les verreries de Biganos, Bordeaux; la manufacture de porcelaine de Bordeaux; les marbreries et les ateliers de carrosserie de cette même ville; les tanneries de Bazas, Bordeaux, Guîtres, Langon, Libourne, Rauzan et la Réole; les taillanderies de Cadillac, Bordeaux; les corderies de Bordeaux, de la Réole, de Cadillac et Libourne; les distilleries (surtout celles où l'on fait de l'anisette) de Bordeaux, Guîtres, Langon, Lesparre et la Réole; les usines à bois de teinture de Beautiran et Bordeaux; les importantes raffineries de sucre de Bordeaux; les raffineries de tartre de Bordeaux; la fabrique de machines à boucher les bouteilles et les conserves de Saint-André-de-Cubzac, celles, plus importantes, de Bordeaux; les fabriques de formes à sucre pour les raffineries, de Bordeaux, de Sadirac; l'usine de produits pyroligneux de Saint-Selve; les raffineries de pétrole de Bordeaux et de Bègles; la fabrique de cellulose (pâte à papier de pin) de Mios, etc.

L'industrie des tissus est représentée dans la Gironde par les filatures de laine et de coton de Bordeaux, les filatures de coton de Beautiran, les filatures de soie de Blanquefort et de Bruges, la fabrique de tapis et de couvertures de Bordeaux. On trouve, en outre, une fabrique de couvertures de laine à Castelnau-de-Médoc, des fabriques d'étoffes à Bazas et Libourne; de toile à Sainte-Foy-la-Grande; d'indiennes à Villenave-d'Ornon; une manufacture de draps à Lesparre; une manufacture de toiles peintes à Beautiran, et un assez grand nombre de moulins, dont les plus importants sont ceux de Barsac, sur le Ciron, de Laubardemont (neuf paires de meules), sur l'Isle, et de Lauriol (commune de Hure), sur le canal latéral à la Garonne, qui sont, sans contredit, les plus importants établissements de ce genre que l'on rencontre dans la contrée.

XII. — Commerce, chemins de fer, routes.

La Gironde *importe* une quantité considérable de marchandises de toute nature et de toutes provenances. Mais le commerce d'importation se résume dans celui de Bordeaux, car presque toutes les marchandises qui pénètrent dans le département passent par l'entrepôt de cette ville. Bordeaux fait peu d'affaires avec le bassin de la Méditerranée, mais il est en relation avec le reste du monde. Il importe principalement des produits des colonies françaises ou étrangères, tels que bois d'acajou, cacao, café, cochenille, arachide, coton en laine, fonte brute, huile d'olive, indigo, laines en masse, nitrate de potasse et de soude, peaux sèches ou salées, plomb brut, poivre, étain, cuivre, viandes et poissons salés, graisse et plus de 1,700,000 quintaux métriques de houille, provenant d'Angleterre, des bassins français et de Belgique.

L'*exportation*, fort active, consiste en tissus, sucres raffinés, papiers, cristaux, verreries, cuirs ouvrés, soies, porcelaines, légumes secs, fils, meubles, poteaux de pin pour les houillères, et surtout vins et spiritueux. Le commerce des vins exige une mention spéciale. Les *crus classés* forment 5 catégories : la 1re comprend les Château-Margaux, Laffitte, Latour et Haut-Brion ; la 2e renferme 11 crus : Mouton, Rauzan, Léoville, Gruaud-Larose, Cos-Destournel ; la 3e en comprend 13 : Kirvan, Lagrange, Langoa, Giscours, Palmer, etc.; la 4e, 11 ; la 5e, 17. Après les crus classés viennent les *bons bourgeois*, *petits bourgeois*, *paysans*, *petits paysans*. Les vins blancs sont moins renommés et surtout moins abondants ; mais le *Sauternes*, et principalement le Château-Yquem et le Lafaurie-Peyraguey sont, au dire de certains connaisseurs, les premiers vins blancs du monde. D'autres crus analogues, dans les communes de Barsac, de Bommes et de Preignac, sont presque aussi renommés. L'exportation annuelle des vins en cercle varie de 325,000 à 850,000 hectolitres.

Le département de la Gironde est traversé par douze chemins de fer d'un développement total de 472 kilomètres.

1° Le chemin de fer *de Paris à Bordeaux* pénètre dans le département à 1 kilomètre en deçà de la station des Églisottes, à 516 kilomètres de la gare de Paris. Son parcours est de 69 kilomètres pendont lesquels il dessert les gares et stations suivantes : les Églisottes, Coutras, Saint-Denis, Libourne, Arveyres, Vayres, Saint-Sulpice, Saint-Loubès, la Grave-d'Ambarès, Lormont, la Bastide (Bordeaux) et Saint-Jean (Bordeaux).

2° Le chemin de fer *de Coutras à Périgueux* se détache de la ligne de Paris à Bordeaux et sort du département à 2 kilomètres 1/2 avant la station de Soubie, après un parcours de 14 kilomètres pendant lesquels il dessert Coutras et Saint-Médard.

3° La ligne *de Coutras à Saintes* se détache de la ligne de Paris à Bordeaux à 2 kilomètres au delà de la station de Coutras. Elle dessert Guîtres, Maransin, Marcenais, Cavignac et Saint-Mariens, puis entre dans le département de la Charente-Inférieure, après un parcours de 30 kilomètres dans celui de la Gironde.

4° L'embranchement *de Saint-Mariens à Blaye* (23 kilomètres) a pour stations Saint-Savin-de-Blaye, Saint-Christoly, Cars-Saint-Paul et Blaye.

5° Le *chemin de fer du Médoc* passe à Bruges, Blanquefort, Ludon, Macau, Margaux, Tayac, Moulis, Saint-Laurent, Pauillac, Saint-

Estèphe, Verteuil, Saint-Germain d'Esteuil, Lesparre, Queyrac, Saint-Vivien, Talais, Soulac et le Verdon, dont la station est située à 101 kilomètres de Bordeaux.

6° Le chemin de fer *de Bordeaux à Arcachon* dessert, sur un parcours de 56 kilomètres, les gares et stations de Pessac, Gazinet, Pierroton, Croix-d'Hins, Marcheprime, Canauley, Facture, la Mothe, le Teich, Gujan-Mestras, la Hume, la Teste et Arcachon.

7° Le chemin de fer *de Bordeaux à Bayonne* se détache de la ligne d'Arcachon à la station de la Mothe et sort du département de la Gironde pour entrer dans celui des Landes à 3 kilomètres environ au delà de la station de Lugos, après un parcours de 26 kilomètres, pendant lesquels il dessert les gares et stations suivantes : la Mothe, Gaudos et Lugos.

8° Le chemin de fer *de Bordeaux à Cette* quitte le département à 1,500 mètres de la gare de la Mothe-Landeron, après avoir desservi, sur un parcours de 69 kilomètres, les gares et stations de Bordeaux, Bègles, Villenave-d'Ornon, Cadaujac, Saint-Médard-d'Eyrans, Beautiran, Portets, Arbanats, Podensac, Cérons, Barsac, Preignac, Langon, Saint-Macaire, Saint-Pierre-d'Aurillac, Caudrot, Gironde, la Réole et la Mothe-Landeron.

9° Le chemin de fer *de Langon à Bazas* est un embranchement de 20 kilomètres qui se détache de la ligne de Bordeaux à Cette pour aller desservir la ville de Bazas en passant par la station de Nizant-Villandrant.

10° L'embranchement *de Nizan à Saint-Symphorien* n'a que 18 kilomètres.

11° Le chemin de fer *de Bordeaux à la Sauve* (27 kilomètres) dessert la Souys, Bouliac, la Tresne, Citon-Cénac, Lignan, Sadirac, Créon et la Sauve.

12° La ligne *de Libourne à Saint-Antoine-Port-Sainte-Foy*, qui doit être prolongée jusqu'au Buisson, station du chemin de fer de Périgueux à Agen, dessert, sur un parcours de 70 kilomètres, les gares et stations de Saint-Émilion, Saint-Laurent-des-Combes, Saint-Étienne-de-Lisse, Castillon, avant d'entrer dans le département de la Dordogne. Parcours, 19 kilomètres.

Un treizième chemin de fer, celui de Marcenais à Libourne, est encore en construction.

Les voies de communication comptent 13,285 kilomètres, savoir

12 chemins de fer.	472 kil.
7 routes nationales.	386 1/2
29 routes départementales.	782

5,128 chemins vicinaux. . . .	85 de grande communication.	1,470	11,228 1/2
	211 de moyenne communication.	2,007 1/2	
	4,832 de petite communication.	7,751	
6 rivières navigables.			381
2 canaux.			35

XIII. — Dictionnaire des communes.

Abzac, 1,463 h., c. de Coutras. ➳ Église ogivale dont le clocher a été rebâti.

Aignan (Saint-), 295 h., c. de Fronsac.

Aillas, 1,399 h., c. d'Auros. ➳ Église romane (monument historique[1]), avec façade remarquable. — Château ruiné, classé parmi les monuments historiques.

Ambarès-et-la-Grave, 2,872 h., c. de Carbon-Blanc. ➳ Tunnels et viaducs du chemin de fer.

Ambès, 1,137 h., c. de Carbon-Blanc.

Andernos, 743 hab., canton d'Audenge.

André-de-Cubzac (Saint-), 3,543 h., ch.-l. de c. de l'arrond. de Bordeaux, près de la Dordogue. ➳ Église du XIIe siècle. — Beau château moderne. — *V.* Cubzac.

André-du-Bois (Saint-), 720 h., c. de Saint-Macaire.

André-du-Garn (Saint-), 194 h., c. de la Réole.

André-et-Appelles (Saint-), 695 h., c. de Sainte-Foy.

Androny (Saint-), 828 hab., canton de Blaye.

Anglade, 1,230 h., c. de Saint-Ciers-la-Lande.

Antoine (Saint-), 164 h., c. de Saint-André-de-Cubzac.

Antoine-de-l'Isle (Saint-), 583 h., c. de Coutras.

Antoine-de-Queyret (Saint-), 213 h., c. de Pellegrue.

Arbanats, 547 h., c. de Podensac. ➳ Ruines d'un château seigneurial et du manoir de Castel-Moron ou Château-Noir.

Arbis, 330 h., c. de Targon. ➳ Église curieuse (monument historique). — Ruines du château de Benauge, de la fin du XIIe ou du commencement du XIIIe siècle, reconstruit vers 1480 et remanié au commencement du XVIIe siècle et du XVIIIe; restes de fortifications; double rempart, dont l'un est orné de balustres; deux portes gothiques menant dans la cour; donjon en ruine, ogival, à façade Renaissance; jolie chapelle (XVe siècle), avec restes de peintures murales; trois tours. — Fontaine intermittente.

Arcachon, 4,981 h., ville du c. de la Teste-de-Buch. ➳ Société scientifique, possédant un musée et un aquarium. — Plage de sable très-commode et très-sûre; bains de mer très-fréquentés (100,000 baigneurs au moins par an); établissement hydrothérapique. — Le climat d'Arcachon est d'une douceur et d'une placidité remarquables. Arcachon, dont la rue principale a plus de 6 kil. de long., se compose de rues à angle droit, bordées de belles maisons et de jolis chalets, entre lesquels s'élèvent souvent des bouquets de pins ou des pins isolés. L'aspect d'ensemble est charmant, surtout depuis la con-

[1] On appelle *monuments historiques* les édifices reconnus officiellement comme présentant de l'intérêt au point de vue de l'histoire de l'art, et susceptibles, pour cette raison, d'être subventionnés par l'État.

struction du vaste *casino* (style mauresque) qui domine la ville et auquel conduisent de belles rampes. — *Château* moderne du style de la Renaissance. — Belle *église* moderne dans le style ogival; flèche haute de plus de 63 mètres (beau carillon). — Ancienne *chapelle de Notre-Dame d'Arcachon* (XVIIIe siècle), but de nombreux pèlerinages. — *Chapelle Saint-Ferdinand.* — Nombreuses villas d'hiver de tout style, et dont la plus belle est le *Sans-Souci*, de M. Péreire, château mi-roman, mi-mauresque.

Arcins, 451 h., c. de Castelnau.

Arès, 1,209 h., c. d'Audenge.

Arsac, 837 h., c. de Castelnau. ⟹ Ancien château.

Artigues, 415 h., c. de Carbon-Blanc.

Artigues (Les), 766 h., c. de Lussac.

Arveyres, 1,446 h., c. de Libourne. ⟹ Restes d'un manoir du XIVe siècle. — Sur les prairies du Paludo, viaduc du chemin de fer (100 arches, 1,180 mètres).

Asques, 736 h., c. de Fronsac.

Aubiac, 253 h., c. de Bazas. ⟹ Église du XIe siècle.

Aubiac-et-Verdelais, 930 h., c. de Saint-Macaire. ⟹ Église du XIe siècle, abandonnée. — *V.* Verdelais.

Aubie-et-Espessas, 639 h., c. de Saint-André-de-Cubzac.

Aubin (Saint-), 390 h., c. de Blanquefort.

Aubin (Saint-), 868 h., c. de Saint-Ciers.

Aubin-de-Blagnac (Saint-), 340 h., c. de Branne.

Audenge, 1,174 h., ch.-l. de c. de l'arrond. de Bordeaux.

Aurioles, 210 h., c. de Pellegrue.

Auros, 551 h., ch.-l. de c. de l'arrond. de Bazas. ⟹ Ruines d'un château.

Avensan, 1,283 h., c. de Castelnau. ⟹ Église du XIe siècle. — Belles sources.

Avit-du-Soulège (Saint-), 151 h., c. de Sainte-Foy.

Avit-de-Moiron (Saint-), 853 h., c. de Sainte-Foy.

Ayguemorte, 249 h., c. de la Réole.

Bagas, 261 h., c. de la Réole. ⟹ Remarquable moulin fortifié, du XIII ou du XIVe siècle, sur le Dropt.

Baigneaux, 270 h., c. de Targon. ⟹ Tumulus. — Église romane. — Château du Centurier.

Balizac, 942 h., c. de Saint-Symphorien.

Barde (La), 413 h., c. de Castelnau. — Excellents vins de Médoc.

Barie, 760 h., c. d'Auros.

Baron, 406 h., c. de Branne. ⟹ Église romane ; crypte remarquable du XIe siècle.

Barp (Le), 1,476 h., c. de Belin.

Barsac, 2,876 h., bourg du c. de Podensac, renommé pour ses vins.

Bassane, 176 h., c. d'Auros.

Bassens, 1,241 h., c. de Carbon-Blanc.

Baurech, 666 h., c. de Créon. ⟹ Petite église gothique.

Bayas, 550 h., c. de Guîtres.

Bayon, 1,131 h., c. de Bourg. ⟹ Église du XIe siècle (monument historique), dont l'abside est richement décorée à l'extérieur.

Bazas, 5,073 h., ch.-l. d'arrond., à l'extrémité d'un promontoire, que baigne la Beuve. ⟹ L'ancienne *cathédrale* (mon. hist.), longue de 83 mètres, haute de 20 mètres à l'intérieur, a trois nefs, un déambulatoire, cinq chapelles rayonnantes très-profondes, mais pas de transsept. Elle fut reconstruite en 1233 et complétement restaurée au XVe siècle. Le portail occidental (XIIIe et XVe siècle) en est la partie la plus remarquable. Il est percé de trois magnifiques portes dont les jambages sont taillés en niches nombreuses, qui renfermaient 290 statues. Aucun autre monument du Midi ne présentait un tel luxe d'ornementation. Sur le tympan de la porte centrale, composé de cinq tableaux, on reconnait la *Naissance de saint Jean*, le *Festin d'Hérode*, la *Résurrection des Morts*, le *Jugement dernier*. Les statuettes des voussures représentent des saints, des martyrs et des anges. Dans le portail de la Vierge, à droite, sont figurés des épisodes de la vie de Marie; à gauche, le portail de Saint-

Pierre reproduit d'autres scènes bibliques. Un lourd pignon du XVIIIe siècle couronne de la manière la plus disgracieuse cette magnifique façade. A gauche s'élève le clocher, ajouté au XVe et au XVIe siècle, et couronné d'une flèche en pierre qui lui donne une hauteur totale de 54 mètres. — L'*église Notre-Dame du Mercadil* (XIIIe et XVIe siècle) offre six curieuses fenêtres très-élancées; elle ne sert plus au culte. — La grande place, dont le sol est très-incliné, est entourée de maisons à arcades, dont deux remontent au XVe siècle. — Restes des remparts.

Beautiran, 863 h., c. de la Brède. ⟹ Eglise des XIIe et XVe siècles, avec joli clocher roman, moderne.

Bégadan, 1,766 h., c. de Lesparre. ⟹ Église du XI siècle (monument historique).

Bègles, 6,202 h., 6e c. de Bordeaux. ⟹ Église du XIIIe siècle.

Béguey, 964 h., c. de Cadillac.

Belin, 1,830 h., ch.-l. de c. de l'arrond. de Bordeaux. ⟹ Grand tumulus entouré de fossés, au sommet duquel sont les restes d'une tour énorme, protégée par d'autres tours engagées dans sa masse.

Belliet, 1,401 h., c. de Belin. ⟹ 2 tombelles.

Bellebat, 117 h., c. de Targon. ⟹ Église en partie romane, autrefois fortifiée.

Bellefond, 228 h., c. de Targon.

Belvès, 339 h., c. de Castillon.

Bernos, 1,385 h., c. de Bazas.

Benauge, commune d'Arbis (*V.* ce mot).

Berson, 1,788 h., c. de Blaye. ⟹ Église romane (monument historique), avec façade du XIVe siècle.

Berthez, 261 h., c. d'Auros.

Beyebac-et-Cailleau, 695 h., c. de Carbon-Blanc.

Bieujac, 506 h., c. de Langon.

Biganos, 1,735 h., c. d'Audenge.

Billaux (Les), 449 h., c. de Libourne.

Birac, 355 h., c. de Bazas.

Blaignac, 292 h., c. de la Réole. ⟹ Église du XIIe siècle.

Blaignan, 389 h., c. de Lesparre.

Blanquefort, 2,747 h., ch.-l. de c. de l'arrond. de Bordeaux. ⟹ Ancien château (monument historique).

Blasimont, 1,068 h., c. de Sauveterre. ⟹ Église (mon. hist.) du commencement du XIIIe siècle et du XVe ou du XVIe; belle façade. — Ruines très-pittoresques du cloître (XIIe et XVIe siècle) d'une abbaye de Bénédictins. — Curieux moulin du XIVe siècle, flanqué d'une tourelle du XVe siècle.

Blaye, 4,522 h., ch.-l. d'arrond., sur la Gironde. ⟹ Citadelle bâtie en 1652 par Vauban, sur un massif de rochers, au bord de la Gironde; on y a enclavé un château gothique, flanqué de 4 bastions et entouré de fossés, aujourd'hui en ruine. On y voit encore le tombeau de Caribert, fils de Clotaire Ier. La duchesse de Berry a été détenue dans la citadelle de Blaye en 1832. Le fort de Médoc, sur la rive gauche de la Gironde, et le Pâté, tour fortifiée sur un îlot, complètent le système de défense de la ville. — Bel hôpital. — Au centre de la ville, place décorée d'une jolie fontaine.

Blézignac, 154 h., c. de Créon.

Bommes, 662 h., c. de Langon. — Vins célèbres.

Bonnetan, 237 h., c. de Créon. ⟹ Tombelle.

Bonzac, 522 h., c. de Guîtres.

Bordeaux, 215,140 h., ch.-l. du département, sur la rive gauche de a Garonne. Le port décrit devant Bordeaux un splendide hémicycle de 6 kilomètres de développement. C'est grâce à cette disposition en arc de cercle, qui a fait introduire un croissant dans les armes de la ville, grâce à l'animation de la rivière et des quais, dont on embrasse, du haut du pont, le développement d'un seul coup d'œil, que Bordeaux est peut-être la ville de France dont le premier aspect est le plus grandiose. Le port peut contenir 1,000 à 1,200 navires. Il va du pont de Bordeaux à Lormont.

Bordeaux possède quatre *gares* de chemin de fer : celle de la Bastide, où aboutit la grande ligne de Paris ; celle de Saint-Jean, tête du réseau du Midi ; celle des chemins de fer du Médoc, et

Bazas.

celle de la ligne départementale de Sauveterre. Une cinquième gare est en projet pour le réseau des Charentes. — Les deux gares sont réunies par un *pont* en fer de 6 immenses travées dont les piles sont formées de deux énormes cylindres accouplés, en fonte, dans lesquels a été coulé du béton. — Le fameux *pont* de Bordeaux, construit de 1810 à 1821, se compose de 17 arches reposant sur 16 piles et 2 culées. Les 7 arches du milieu ont 26^{m},49 de diamètre; la première et la dernière sont de 20^{m},84; les autres sont de dimensions intermédiaires et décroissantes. Les piles, épaisses de 4^{m},21, sont élevées à une hauteur égale au-dessus des naissances, et couronnées d'un cordon et d'un chaperon. La pierre et la brique sont disposées sous les voûtes de manière à simuler l'appareil des caissons d'architecture, au moyen de chaînes transversales et longitudinales. Au-dessus des arches est une corniche à modillons, d'un style sévère. 2 pavillons, décorés de portiques avec colonnes d'ordre dorique, sont élevés à chaque extrémité du pont, dont la longueur est de 486^{m},68, et la largeur, entre les parapets, de 14^{m},86. Une pente légère, partant de la cinquième arche, de chaque côté, descend vers les rives. Les dégradations de toute sorte sont prévenues dans ce monument par une disposition ingénieuse dont aucun édifice de ce genre n'offre le modèle : cette masse, en apparence d'un poids qui effraye l'imagination, est allégée intérieurement par une multitude de galeries.

Bordeaux n'a conservé, des monuments dont la munificence des empereurs romains se plut à l'embellir, que des ruines (monument historique) de l'amphithéâtre appelé le *palais Gallien*. Il est actuellement composé de 2 étages, celui du bas, d'ordre toscan, celui du haut, d'ordre dorique. On estime qu'il devait avoir, hors d'œuvre, 132 à 137 mètres sur le grand axe, et 105 à 114 mètres sur le petit axe, sur une élévation totale de 21 mètres ; 25,000 spectateurs pouvaient y trouver place. La construction de l'amphithéâtre est attribuée, mais sans preuves suffisantes, à l'empereur dont il a pris le nom (IIIe siècle).

La *cathédrale* de Bordeaux, dédiée à saint André, est l'édifice gothique le plus important de la Gironde. La nef, qui, par exception, n'a pas de bas-côtés, date du XIIIe siècle; le chœur, fort développé, est du siècle suivant; les portes latérales et les deux belles flèches datent des XIVe et XVe siècles. Saint-André a 126 mètres de long.; la nef, large de 18 mètres, longue de 60, a 25 mètres de hauteur ; le transsept, long de 43 mètres, a 10 mètres de largeur et 31 mètres de hauteur; le chœur, haut de 33 mètres sous voûte, est entouré d'un double bas-côté et de cinq chapelles rayonnantes assez profondes. Saint-André n'a pas de façade occidentale. On y pénètre par deux portes latérales; celle du nord se fait remarquer par ses sculptures, sa rose et ses deux clochers, hauts de 81 mètres. Le portail du sud présente à peu près la même décoration, mais ses deux tours n'ont pas été achevées. A l'intérieur, l'élévation des voûtes donne à Saint-André un aspect imposant. Le transsept est orné de deux beaux vitraux coloriés, les seuls de l'église qui ne soient pas modernes. Le chœur, un peu sombre, renferme de jolies sculptures. Au fond de la nef sont deux grands bas-reliefs du XVIe siècle, restes d'un jubé. — Près de la cathédrale s'élève la *tour Pey-Berland*, bâtie en 1440, surmontée d'une flèche tronquée portant une statue. Ce clocher renferme le bourdon, qui pèse 11,000 kilog. — L'*église Sainte-Croix* présente une riche façade romane (restaurée avec goût), flanquée de deux grosses tours, dont l'une, celle de droite, est seule ancienne. Une arcade ogivale, au-dessus de la porte principale, encadre une statue équestre. Les sculptures des chapiteaux et des archivoltes peuvent fournir un sujet d'études fort intéressant. L'intérieur de Sainte-Croix, moins intéressant que la façade, se compose d'une nef avec bas-côtés, d'un petit transsept et de trois absides. Tout cela a été remanié aux XIVe et XVe siècles; les voûtes de la grande nef sont ogivales. Les fonts baptismaux sont décorés de bas-reliefs. Le sanctuaire et la chapelle de la Vierge présentent des fresques modernes. — *Saint-Seurin* (monument historique) a un portail occidental, fort mutilé, dont le tympan représente le *Jugement dernier*. Le portail sud est encore plus intéressant. Une belle arcade trilobée, bordée d'une inscription donnant la date du monument (1247), s'ouvre sous

Bordeaux : Cathédrale Saint-André.

le linteau, dont elle est séparée par des branches de vigne sculptées. « Au-dessus se place, dans le linteau, le bas-relief du *Jugement dernier;* puis, dans le tympan supérieur, le Christ assis sur un trône, montrant ses plaies, assisté de deux anges qui portent les instruments de la Passion, et imploré par la Vierge et par saint Jean. Dans les voussures, des cordons de feuillages, les martyrs et les vierges. Sur les jambages en ébrasement, et développés latéralement entre des colonnettes, à la hauteur de l'arc trilobé, les Apôtres, l'Église et la Synagogue. Cette porte est accompagnée de deux arcades aveugles avec tympans dans lesquels sont figurées des scènes de la vie de saint Seurin. L'ensemble de cette composition est fort remarquable et produit un grand effet. » — La *crypte* de Saint-Seurin paraît remonter aux temps mérovingiens. Cette crypte se partage en deux parties égales : l'une, celle du fond, renferme le tombeau de saint Fort, sur lequel on fait passer les petits enfants le jour de la fête du saint (16 mai), afin de les rendre *forts;* un mur la sépare des latéraux, où se trouvent aussi des tombeaux (à droite ceux de sainte Véronique et de sainte Bénédicte, nées dans le Médoc; à gauche ceux de saint Amand et de saint Seurin) ; l'autre partie, destinée aux fidèles, communique librement avec les bas-côtés au moyen de quatre petites arcades. La principale curiosité de cette crypte est le *cénotaphe* élevé en l'honneur de saint Fort, œuvre délicate de la Renaissance, dont les sculptures sont traitées avec une grande finesse et beaucoup de goût. Il est placé au fond de la nef, sur une caisse de pierre brute qui passe pour le sépulcre primitif. — Le cloître de Saint-Seurin, qui existe encore en partie au nord de la nef, renferme des pierres tombales du IXe siècle. — *Saint-Michel* (mon. hist.) date en entier du XVe et du XVIe siècle. On remarque surtout les sculptures de ses rois portails et la curieuse disposition de son chœur. La tour, de forme hexagonale, l'édifice le plus élevé du sud et de l'ouest de la France, fut bâtie, à 50 mètres à l'ouest de l'église, de 1472 à 1492. Sa pyramide, renversée en 1768 par un ouragan, a été rétablie en 1864 et 1865. Elle a, depuis lors, 107m,30 de hauteur, sans la croix. Ses contre-forts servent de base à six statues colossales représentant saint Paulin, saint Delphin, les papes Clément V et Paul II, le cardinal de Canteloup et Pey Berland. Le caveau souterrain que surmonte la tour de Saint-Michel est célèbre pour la propriété qu'il a de conserver les corps : 40 cadavres y sont montrés aux curieux. — *Sainte-Eulalie* (monument historique) a été bâtie au XIVe et au XVe siècle. On remarque à l'intérieur un joli *lutrin* moderne. — Églises : *des Carmes* (moderne); *Saint-Éloi* (XIIIe, XIVe et XVe siècle; façade moderne); *Saint-Bruno* (XVIIe siècle; marbres précieux, mausolée du marquis de Sourdis, fresques remarquables, tableaux de Ph. de Champaigne, du Dominiquin); *Notre-Dame* (1701); *Saint-Louis*, en reconstruction (style du XIIIe siècle); *Saint-Paul* (XVIIe siècle; statue attribuée à Coustou); *Saint-Nicolas de Graves*, *Saint-Martial*, églises neuves; *Saint-Ferdinand*, moderne, construite dans le style roman; *Sainte-Marie* de la Bastide (en construction). — Deux *séminaires*. — *Archevêché*. — Quatre *temples protestants*. — Belle *synagogue*.

La *préfecture*, ancien hôtel de M. Saige, date de 1775; elle a été restaurée en 1873. — La *mairie*, installée en 1835 dans l'ancien archevêché, bâti en 1770, a été restaurée, après un incendie qui détruisit (8 juin 1862) la salle des archives et consuma une foule de documents précieux, une partie des archives de la Guyenne et les originaux des lettres de Montaigne. — Le *palais de justice* (1839-1846), édifice lourd, a coûté près de 2 millions : la façade, longue de 145 mètres, présente au centre un péristyle de 46 mètres, d'ordre dorique, suivi de deux ailes; les quatre statues colossales : Malesherbes et D'Aguesseau à droite, Montesquieu et L'Hôpital à gauche, sont de Maggesi. — Derrière le palais de justice sont les *prisons*, construites (1835-1847) sur l'emplacement du *fort de Hâ*, dont 2 tours ont été conservées. — La *porte du Palais* (34 mètres de hauteur), appelée aussi *porte Royale* et *porte Cailhau*, date de 1495; elle était séparée par une place du *palais de l'Ombrière*, démoli en 1800. — La *porte de l'Hôtel-de-Ville* (54 mètres de hauteur) est l'une des quatre tours doubles placées aux angles de l'ancien hôtel de ville. Elle est coiffée de trois tourelles dont l'une, celle du milieu, a pour ornement une lanterne que surmonte un lion. Sa base seule date du XIIe siècle; elle fut réparée en 1556 et en 1757. — L'*hôpital Saint-André*, reconstruit en 1825, occupe 18,000 mètres carrés. La façade du nord, longue de 145 mètres, est monumentale; au milieu s'élève un portique recouvert par un dôme, que soutiennent quatre colonnes d'ordre dorique. — L'élégante *chapelle du lycée* renferme le tombeau de Montaigne (monument historique).

Le *musée de peinture* se compose de 645 tableaux. — Le *musée archéologique* (à la Bibliothèque) renferme un grand nombre d'armes du moyen âge. — L'ancien musée comprend la bibliothèque, l'observatoire, le cabinet d'antiques et le *musée lapidaire* (local sombre et insuffisant), qui possède l'une des plus riches collections épigraphiques et monumentales de l'époque romaine en France. — Un second *musée lapidaire* a été établi, en 1872, rue des

Bordeaux : Église Sainte-Croix restaurée.

Facultés. — Le *musée d'histoire naturelle* occupe de vastes galeries, voisines du jardin botanique, dans le *jardin public*. — Un *musée préhistorique*, établi dans le même local, possède déjà la plus belle collection qui existe en France, après celle de Saint-Germain.

La *Bourse* (bibliothèque de la chambre de Commerce, 6,000 volumes) et la *Douane*, qui se font face, sur le port, ont été élevées en 1749, sur les dessins de J. Gabriel. — L'*entrepôt* se compose de deux bâtiments d'architecture différente, construits, l'un de 1822 à 1826, l'autre en 1847. — L'*hôtel de la Banque* date de 1855. — Un bâtiment spécial vient d'être consacré aux archives départementales, rue d'Aviau. — L'*hôtel des Monnaies* est établi dans l'ancien séminaire de la Mission.—

On a reconstruit, en 1868-1869, l'*établissement des Sourdes-Muettes*. — Le *grand théâtre* de Bordeaux, le plus beau de province, a été bâti par Louis (1777-1780). Il a 88 mètres de longueur sur 47 de largeur et 19 de hauteur. Sa façade est formée de 12 colonnes d'ordre corinthien; 12 statues colossales, correspondant à ces 12 colonnes, décorent la balustrade qui en couronne la frise. Sur les côtés s'étendent de larges galeries couvertes. Au-delà du péristyle d'entrée s'ouvre un vestibule orné de 16 colonnes ioniques, supportant une voûte plate, au-dessus de laquelle est une grande et riche salle de concert. Au fond de ce vestibule règne un double et vaste escalier éclairé par la coupole, conduisant aux premières loges, au foyer et à la salle de concert. La salle proprement dite est un cercle parfait dont le pourtour est décoré de 12 colonnes composites adossées à la cloison; celles-ci partent du niveau des premières loges et comprennent, dans leur hauteur, deux rangées de loges. Les premières loges suivent le plan circulaire de la salle; les secondes et troisièmes loges forment des tribunes en saillie. Sur l'entablement qui règne au-dessus des colonnes est le paradis. — Outre le grand théâtre, Bordeaux possède cinq salles de spectacle: le *théâtre Louit* (1868), le *théâtre Français* (1856) ou *des Variétés*, le *théâtre National* (1866), le *théâtre du Gymnase* et les *Folies-Bordelaises* (1872). — *Salle de concert*. — *Alcazar*.

Les principales *places* de Bordeaux sont les places de *Bourgogne*, de la *Bourse* (Fontaine des Trois-Grâces, exécutée en 1869 d'après un projet de M. Visconti), *Richelieu*, de la *Comédie*, *Dauphine*, transformée en square, de *Tourny* (statue de l'intendant de ce nom), des *Grands-Hommes* (beau marché couvert), d'*Aquitaine*, *Magenta*, de *Rohan*. La plus vaste de toutes est la *place des Quinconces*, qui occupe l'emplacement de 'ancien château Trompète. De chaque côté s'étendent deux *quinconces*, longs de 280 mètres sur 80 de largeur. En façade sur le quai Louis XVIII, et séparées par un grand escalier, s'élèvent deux *colonnes rostrales* (servant de phares), hautes de 20 mètres, ornées de proues et d'ancres, et surmontées chacune d'une statue, représentant, l'une le Commerce et l'autre la Navigation. Aux deux extrémités des quinconces ont été bâtis deux établissements de bains entourés de grilles; sur l'esplanade et contre les grilles de ceinture nord et sud, sont les *statues* en marbre de Montaigne et de Montesquieu, par Maggesi (1858); l'hémicycle, où il est question d'élever une fontaine monumentale, est orné d'un bassin avec jet d'eau. La profondeur de la place depuis les colonnes rostrales jusqu'à l'hémicycle est de 390 mètres, la largeur de sa terrasse est de 170 mètres. — Les quais de *Bourgogne*, de la *Douane*, de la *Bourse*, de *Louis XVIII*, des *Chartrons* et de *Bacalan* se font remarquer par le mouvement, l'activité, les bruits du commerce et de l'industrie. — Le *cours des Fossés*, qui remplace les fossés Saint-Éloi, de l'Hôtel-de-Ville, etc., et où s'élève le grand marché; les cours du *Chapeau-Rouge*, de l'*Intendance*, de *Tourny*, du *Jardin-Public*, du *XXX Juillet*, les *allées de Tourny*, d'*Orléans*, de *Chartres*, les rues *Esprit-des-Lois*, *Sainte-Catherine*, *Vital-Carles*, du *Peugue* et d'*Aviau* sont dignes d'une grande cité.

Le *jardin public* a été, en 1858, transformé en parc anglais avec larges allées, pelouses, rivière, lac, cascade, arbres et plantes rares, etc. — Le jardin de l'Hôtel-de-ville, situé entre ce monument et le cours d'Albret, doit être orné de deux galeries latérales renfermant le musée de la ville. — Le *jardin botanique* se trouve situé derrière les serres du jardin public. La contenance des deux jardins est de 10 hectares 75 ares.

Bossugan, 97 h., c. de Pujols. ⋙→ Château de Brugnac, de la fin du XVIIe siècle, bâti sur l'emplacement d'un manoir dont il reste un donjon et une tourelle de la fin du XIIIe siècle ou du commencement du XIVe.

Bouliac, 686 h., c. de Carbon-Blanc. ⋙→ Église romane (monument historique), jadis fortifiée; chapiteaux du chœur remarquables.

Bourdelles, 301 h., c. de la Réole.

Bourg-sur-Gironde, 2,464 h., ch.-l. de c. de l'arrond. de Blaye. ⟿ Port sur la Dordogne. — Restes de murailles romaines. — Porte, herse et tour carrée, restes des fortifications. — A l'angle S.-E. des anciens remparts, chapelle du XIe siècle servant de boutique. — Dans l'église, devant d'autel brodé par Anne d'Autriche. — Vieille maison de plaisance des archevêques de Bordeaux. — A la Libarde, crypte d'église romane.

Bourideys, 408 h., c. de Villandraut.

Bouscat (Le), 4,182 h., 1er c. de Bordeaux.

Brach, 231 h., c. de Castelnau.

Branne, 708 h., ch.-l. de c., sur la Dordogne. ⟿ Beau pont suspendu.

Théâtre de Bordeaux.

Brannens, 274 h., c. d'Auros. ⟿ Dans l'église (abside romane), quatre bons tableaux.

Braud-et-Saint-Louis, 1,360 h., c. de Saint-Ciers.

Brède (La), 1,083 h., ch.-l. de c. ⟿ L'église, moderne, a conservé une charmante façade (monument historique) du XIIe siècle. — Le remarquable manoir fortifié (monument historique) où naquit et habita Montesquieu est conservé dans l'état où il se trouvait du temps de ce grand homme. Il se compose de deux parties distinctes séparées par un pont-levis et formant comme deux îles au milieu de larges fossés remplis d'eau. L'enceinte qui renferme les bâtiments d'habitation a une forme très-irrégulière, se rapprochant du cercle. On y remarque le donjon carré, du XIIIe siècle, deux tours cylindriques, une chapelle et des bâtiments du XVe siècle. A l'intérieur, et principalement dans le cabinet de Montesquieu, sont conservés des fauteuils gothiques et d'autres meubles anciens. — Tombelles. — Voie romaine (?). — Fontaine incrustante.

Brice (Saint-), 545 h., c. de Sauveterre. ⟿ Château ruiné.

Brouqueyran, 251 h., c. d'Auros.

Bruges, 1,508 h., c. de Bordeaux. ⟿ Hippodrome de Bordeaux.

Budos, 1,002 h., c. de Podensac. ⟿ Église des XIIe et XIVe siècles; beaux chapiteaux dont les sculptures symbolisent les péchés capitaux; tombeau du XIVe siècle. — Ruines d'un château du XIIIe siècle.

Cabanac, 893 h., c. de la Brède. ⟿ Mottes ou tombelles.

Cabara, 530 h., c. de Branne.

Cadarsac, 128 h., c. de Libourne.

Cadaujac, 1,073 h., c. de la Brède.

Cadillac, 2,899 h., sur la rive droite de la Garonne, ch.-l. de c. de l'arrond. de Bordeaux. ⟿ Ancien château du XVIe siècle (mon. hist.), du style de la Renaissance, converti en une maison de détention pour les femmes; belles cheminées sculptées, dit-on, par Girardon. — Enceinte fortifiée (1315 environ), flanquée de tours carrées et surmontée çà et là de maisons. — Près du mur d'enceinte, jolie chapelle du XVe siècle (mon. hist.), qui sert aujourd'hui d'église à la ville.

Bordeaux : Porte de l'hôtel de ville.

Cadillac, 564 h., c. de Fronsac. ⟿ Église du XIIe siècle.

Camarsac, 337 h., c. de Créon. ⟿ Remarquable manoir des XIIIe et XIVe siècles, flanqué de tourelles.

Cambes, 832 h., c. de Créon.

Camblanes-et-Meynac, 1,213 h., c. de Créon.

Camiac-et-Saint-Denis, 233 h., c. de Branne.

Camiran, 590 h., c. de la Réole. ⟿ Vieux château. — Pont suspendu.

Camps, 221 h., c. de Coutras.

Campugnan, 531 h., c. de Blaye.

Canéjan, 475 h., c. de Pessac.

Cantenac, 1,125 h., c. de Castelnau. ⟿ Château de Boyd (Renaissance).

Cantois, 270 h., c. de Targon.

Capian, 790 h., c. de Cadillac.

Caplong, 427 h., c. de Sainte-Foy.

Caprais (Saint-), 830 h., c. de Saint-Ciers.

Caprais-de-Haux (Saint-), 782 h., c. de Créon.

Captieux, 1,505 h., ch.-l. de c. de l'arrond. de Bazas, dans les Landes.

Carbon-Blanc, 824 h., ch.-l. de c. de l'arrond. de Bordeaux.

Carcans, 968 h., c. de Saint-Laurent. ⋙→ Mamelon conique avec fossés, appelé Château-Talbot.

Cardan, 281 h., c. de Cadillac. ⋙→ Église romane.

Carignan, 696 h., c. de Créon. ⋙→ Église de transition.

Cars, 1,578 h., c. de Blaye. ⋙→ Église romane.

Cartelègue, 1,231 h., c. de Blaye.

Casseuil, 531 h., c. de la Réole.

Castelmoron, 117 h., c. de Monségur.

Castelnau-de-Cernès, *V.* Saint-Léger.

Castelnau-de-Médoc, 1,721 h.,

Colonnes rostrales des Quinconces.

ch.-l. de c. ⋙→ Église gothique, curieux vitrail.

Castelviel, 522 h., c. de Sauveterre.

Castets, 1,274 h., c. de Langon.

Castillon-et-Castets, 367 h., c. d'Auros.

Castillon-sur-Dordogne, 3,084 h., ch.-l. de c. de l'arrond. de Libourne. ⋙→ Belle église du XVIIIe siècle. — Monument commémoratif de la défaite des Anglais en 1453.

Castres, 752 h., c. de la Brède. ⋙→ Camp romain (mon. hist.).

Caudéran, 5,306 h., 2e c. de Bordeaux, village industriel.

Caudrot, 1,266 h., c. de Saint-Macaire. ⋙→ Ruines de la villa Cassinogilo (?), palais de Charlemagne dans l'Agenais.

Caumont, 275 h., c. de Pellegrue.

Cauvignac, 289 h., c. de Grignols.

Cavignac, 814 h., c. de Saint-Savin.

Cazalis, 848 h., c. de Villandraut.

Cazats, 588 h., c. de Bazas.

Cazaugitat, 469 h., c. de Pellegrue.

Cénac, 769 h., c. de Créon.

Cenon-la-Bastide, 1,030 h., c. de Carbon-Blanc.

Cerons, 1,306 h., c. de Podensac.

Cessac, 218 h., c. de Targon.

Cestas, 1,431 h., c. de Pessac. ⋙→ Église gothique.

Cézac, 1,480 h., c. de Saint-Savin.

Chamadelle, 680 h., c. de Coutras. ⋙→ Tumulus.

Christoly (Saint-), 1,877 h., c. de Saint-Savin.

Christoly-et-Conquèques (Saint-), 1,132 h., c. de Lesparre. ⋙→ Tour en ruine de l'ancien château seigneurial de Castillon.

Christophe (Saint-), 1,183 h., c. de Coutras.

Christophe-des-Bardes (Saint-), 688 h., c. de Lussac.

Cibard (Saint-), 285 h., c. de Lussac.

Ciers-d'Abzac (Saint-), 701 h., c. de Guitres.

Ciers-de-Canesse (Saint-), 873 h., c. de Bourg. ⋙→ Eglise du XIe siècle.

Ciers-la-Lande (Saint-), 2,889 h., ch.-l. de c. de l'arrond. de Blaye. ⋙→ Église du XIVe siècle.

Cissac, 1,127 h., c. de Pauillac. ⋙→ Ruines du château du Puy (XIIe et XIVe siècle).

Civrac, 678 h. c. de Saint-Savin.

Civrac-en-Médoc, 1,021 h., c. de Lesparre.

Civrac-en-Dordogne, 525 h., c. de Pujols.

Cleyrac, 299 h., c. de Sauveterre.

Coimères, 576 h., c. d'Auros. ⋙→ Tumulus.

Coirac, 275 h., c. de Sauveterre.

Colombe (Sainte-), 280 h., c. de Castillon.

Côme (Saint-), 442 h., c. de Bazas.

Comps, 390 h., c. de Bourg.

Coubeyrac, 257 h., c. de Pujols.

Courpiac, 106 h., c. de Targon.

Cours, 381 h., c. de Monségur.

Cours, 384 h., c. de Grignols.

Cordouan, V. Soulac.

Coutras, 3,944 h., ch.-l. de c. de l'arrond. de Libourne, sur la Dronne, près de son confluent avec l'Isle. ⋙→ Église du XVe siècle, restaurée de nos jours dans le style ogival ; haut clocher moderne sur la façade ; quatre piliers du chœur, surmontés d'une coupole byzantine et d'un vieux clocher, remontent au XIIe siècle. Derrière l'abside, tombeau d'Albert, qui, à la bataille d'Altenkirchen, enleva aux Autrichiens le corps de Marceau. — Beaux restes d'un château des XVIIe et XVIIIe siècles, parmi lesquels on remarque un puits hexagonal (monument historique du XVIe siècle), recouvert par un petit dôme ornementé d'ordre dorique. L'architrave porte des sculptures. — Château de Laubardemont.

Coutures, 183 h., c. de Monségur.

Créon, 1,158 h., dans l'Entre-deux-Mers, ch.-l. de c. de l'arrond. de Bordeaux.

Croignon, 211 h., c. de Créon.

Croix-du-Mont (Sainte-), 1,062 h., c. de Cadillac. ⋙→ Église des XIIe, XIIIe et XVe siècles ; riche portail roman.

Cubnezais, 564 h., c. de Saint-Savin.

Cubzac, 962 h., c. de Saint-André-de-Cubzac. ⋙→ L'ancien pont suspendu, qui était le plus beau de l'Europe, a été démoli à la suite de la fracture de l'une des piles dont le sommet avait été renversé par un coup de vent. Il est remplacé par un pont métallique. — Grottes. — Ruines du château dit des Quatre-Fils-Aymon.

Cudos, 1,025 h., c. de Bazas.

Cursan, 217 h., c. de Créon.

Curton, V. Daignac.

Cussac, 1,407 h., c. de Castelnau. ⋙→ Fort Médoc, bâti en 1689.

Daignac, 308 h., c. de Branne. ⋙→ A Curton, sur une colline dominant la Canodonne, château ruiné dont la principale tour (1325), carrée et flanquée de gros contre-forts, a 33 mètres de hauteur ; les bâtiments d'habitation ont été remaniés au XVIe siècle. — Sur le

Château de Cadillac.

même ruisseau, château de Pressac (xiv° siècle), dont les enceintes sont bien conservées. — Moulin du xii° siècle.

Dardenac, 109 h., c. de Branne.

Daubèze, 200 h., c. de Sauveterre.

Denis-de-Piles (Saint-), 2,511 h., c. de Guîtres. ⟶ Église du xii° siècle, monument historique.

Dieulivol, 576 h., c. de Monségur.

Donnezac, 1,158 h., c. de Saint-Savin.

Donzac, 195 h., c. de Cadillac.

Doulezon, 355 h., c. de Pujols.

Églisottes-et-le-Chalaure (Les), 1,286 h., c. de Coutras.

Émilion (Saint-), 3,112 h., c. de Libourne, une des petites villes les plus curieuses de la France, située sur une colline en forme de croissant qui domine, au nord, la riche vallée de la Dordogne. ⟶ *Église monolithe,* creusée dans le roc vif au ix° siècle, par les disciples de saint Émilion, monument sans analogue en France, si l'on excepte l'église Saint-Jean d'Aubeterre (Charente) : 3 nefs avec piliers massifs et voûtes en berceau ; corridor conduisant de la porte principale, percée dans le chœur, au milieu de la nef ; cette porte, bâtie en pierres au xiii° siècle, est un riche spécimen de cette époque, portant le *Jugement dernier* sculpté sur son tympan ; six fenêtres, pratiquées dans le flanc du rocher, à l'extrémité du chœur, éclairent seules l'église, où l'on distingue encore quelques traces de sculpture. — A côté de l'église monolithe se trouvent, pareillement creusés dans le roc, l'*oratoire de saint Émilion* (voûte en coupole avec figures grossièrement sculptées), sa *cellule* et sa *fontaine,* sur lesquelles fut élevée, à la fin du xii° siècle, une jolie *chapelle.* — L'*église* autrefois *collégiale,* aujourd'hui paroissiale, de Saint-Émilion, date des xii° (nef à deux coupoles et joli portail roman), xiii° (le vaste chœur, avec bas-côtés) et xv° siècles (l'abside et plusieurs additions). La porte principale, percée dans la partie qui date du xiii° siècle, est plus belle encore et plus complète que celle de l'église monolithe ; elle a malheureusement perdu ses douze grandes statues. — Au sud de l'église s'étend un beau cloître de la fin du xii° siècle, sur les murs duquel on remarque de beaux fragments d'architecture des xii°, xiii° et xiv° siècles, et des tombeaux sculptés. — Le *clocher* de Saint-Émilion se dresse, isolé, à quelque distance au sud de l'église collégiale, sur une place dont le sol est porté par les voûtes de l'église monolithe. C'est une magnifique tour carrée (xii° siècle) à deux étages sur rez-de-chaussée, que terminent une balustrade, de petits arcs-boutants et une flèche en pierre avec rosaces, ajoutés au xv° siècle. La hauteur de ce clocher au-dessus de la place est de 52 mètres. — Beau pan de mur à fenêtres ogivales, reste d'un *couvent de Dominicains* (xiv° siècle), transféré plus tard sur un autre point de la ville, dans un nouvel établissement dont la chapelle (xv° siècle) existe encore (en ruines). — Restes du *couvent des Cordeliers* (xv° et xvii° siècle). — Maison du xiv° siècle, dite *palais Cardinal.* — Ruines intéressantes des anciens *remparts* (xii° et xiii° siècle), percés par endroits de belles fenêtres romanes. — *Château du Roi,* citadelle bâtie par le roi Louis VIII; gros donjon carré, flanqué de contreforts. — Sous la ville et aux abords, anciennes *carrières* servant d'habitations. — Dans le cimetière, *église Saint-Martin* (xii° siècle). — *Chapelle de Marsac* (xii° siècle), restaurée. — Tous les vieux édifices de Saint-Émilion ont été classés parmi les monuments historiques.

Escaudes, 455 h., c. de Captieux.

Escoussans, 286 h., c. de Targon. ⟶ Gouffre où vont se perdre les eaux pluviales.

Espiet, 324 h., c. de Branne. ⟶ Moulin-Battant et Moulin-Neuf, intéressantes constructions des xiv° et xv° s.

Esseintes (Les), 308 h., c. de la Réole. ⟶ Tumulus du Pré-de-la-Mothe.

Estèphe (Saint-), 2,687 h., c. de Pauillac.

Etauliers, 794 h., c. de Saint-Ciers.

Étienne-de-Lisse (Saint-), 469 h., c. de Castillon.

Eulalie-d'Ambarès (Sainte-), 701 h., c. de Carbon-Blanc. ⟶ Fossés et mottes d'un château du xe siècle.

Exupéry (Saint-), 170 h., c. de la Réole.

Eynesse, 780 h., c. de Sainte-Foy.

Eyrans, 598 h., c. de Saint-Ciers.

Eyzines, 2,526 h., c. de Blanquefort.

Faleyrac-et-Saint-Germain, 371 h., c. de Targon.

Église monolithe et clocher de Saint-Émilion.

Fargues, 615 h., c. de Créon.

Fargues, 765 h., c. de Langon. ⟶ Ruines d'un château du xve siècle.

Félix-de-Foncaude (Saint-), 417 h., c. de Sauveterre ⟶ Cascades. — Ruines du château de Pommiers.

Ferme (Sainte-), 758 h., c. de Pellegrue. ⟶ Ancienne église de bénédictins (mon. hist.).

Fieu (Le), 624 h., c. de Coutras.

Flaujagues, 768 h., c. de Pujols.

Floirac, 1,585 h., c. de Carbon-Blanc.

Florence (**Sainte-**), 133 h., c. de Pujols.

Floudès, 198 h., c. de la Réole.

Fontet, 720 h., c. de la Réole.

Fosse (**La**), 510 h., c. de Saint-Savin. ⟶ Église du XII° siècle.

Fossés-et-Baleyssac, 299 h., c. de la Réole.

Fours, 340 h., c. de Blaye.

Foy-la-Grande (**Sainte-**), 3,916 h., sur la Dordogne, ch.-l. de c. de l'arrond. de Libourne. ⟶ Cette ville, bâtie sous la domination anglaise, à la fin du XIII° siècle, a conservé son plan primitif, avec rues se coupant à angles droits, et formant un carré bordé de quelques restes de murs fortifiés. — Église ogivale, moderne, avec fragments d'une façade du XIV° siècle et un beau clocher, de construction récente, que surmonte une flèche en pierre, haute de 70 mètres. — Beau pont suspendu.

Foy-la-Longue (**Sainte-**), 201 h., c. de Saint-Macaire.

Francs, 279 h., c. de Lussac.

Fronsac, 1,487 h., ch.-l. de c. de l'arrond. de Libourne, sur la Dordogne, au pied du célèbre tertre de Fronsac où Charlemagne bâtit un château et d'où l'on jouit d'une vue splendide. ⟶ Église romane.

Frontenac, 670 h., c. de Targon.

Gabarnac, 451 h., c. de Cadillac.

Gaillan, 1,809 h., c. de Lesparre. ⟶ Église des XII°, XIV° et XVI° siècles; beau clocher octogonal roman (mon. hist.).

Gajac, 605 h., c. de Bazas.

Galgon-et-Queyrac, 1,311 h., c. de Fronsac.

Gans, 372 h., c. de Bazas.

Gardegan-et-Tourtirac, 409 h., c. de Castillon.

Gauriac, 1,451 h., c. de Bourg.

Gauriaguet, 515 h., c. de Saint-André.

Gemme (**Sainte-**), 393 h., c. de Monségur. ⟶ Moulin du XIV° siècle.

Générac, 711 h., c. de Saint-Savin.

Genès (**Saint-**), 501 h., c. de Castillon.

Genès-de-Fours (**Saint-**), 571 h., c. de Blaye.

Genès-de-Lombaud (**Saint-**), 245 h., c. de Créon.

Genès-de-Queuil (**Saint-**), 331 h c. de Fronsac.

Genis-du-Bois (**Saint-**), 114 h., c de Targon.

Génissac, 1,153 h., c. de Branne.

Gensac, 1,591 h., c. de Pujols. ⟶ Château ruiné (monument historique). — Clocher gothique à flèche élancée. — Maisons sculptées des XIV° et XV° siècles. — Tumulus.

Georges (**Saint-**), 234 h., c. de Lussac.

Germain d'Esteuil (**Saint-**), 1,394 h., c. de Lesparre. ⟶ Abondante source de Fontinades. — A Potensac, église du XII° siècle.

Germain-de-Grave (**Saint-**), 316 h., c. de Saint-Macaire.

Germain-du-Puch (**Saint-**), 1,174 h., c. de Branne.

Germain-la-Rivière (**Saint-**), 477 h., c. de Fronsac. ⟶ Ermitage de Saint-Aubin, crypte gallo-romaine creusée dans le roc et en partie revêtue de maçonnerie.

Gervais (**Saint-**), 791 h., c. de Saint-André.

Giron (**Saint-**), 1,001 h., c. de Saint-Savin.

Gironde-et-Sainte-Pétronille, 1,150 h., c. de la Réole. ⟶ Ruines du vieux château des Quatre-Fils-Aymon. — Château de Beauséjour.

Giscos, 427 h., c. de Captieux.

Gorce (**La**), 1,224 h., c. de Guîtres. ⟶ Église avec charpente du XIV° siècle.

Gornac, 462 h., c. de Sauveterre.

Goualade, 311 h., c. de Captieux.

Gours, 452 h., c. de Lussac.

Gradignan, 2,377 h., c. de Pessac. ⟶ Château ruiné. — Restes d'hôpital gothique. — Ruines du prieuré de Cayac: église du XIV° siècle.

Grayan-et-l'Hôpital, 842 h., c. de Saint-Vivien.

Grézillac, 772 h., c. de Branne.

Grignols, 1,800 h., ch.-l. de c. de l'arrond. de Bazas.

Guillac, 214 h., c. de Branne.

Guillos, 481 h., c. de Podensac.

Guîtres, 1,403 h., ch.-l. de c. de l'arrond. de Libourne. ⋙→ L'église, mon. historique du XIIe siècle, jadis abbatiale, longue dans œuvre de 57 mètres, a la forme d'une croix latine; ses bas-côtés font le tour du chœur en se rétrécissant, et donnent accès dans trois chapelles rayonnantes. Deux absidioles s'ouvrent sur le transsept, dont le centre est voûté en coupole. Les voûtes et plusieurs piliers de la nef et la partie supérieure de la façade ne datent que du XIVe siècle. A l'extérieur du chœur, les chapelles rayonnantes et celles du transsept forment un ensemble très-gracieux. — Restes de l'abbaye.

Gujan, 3,433 h., c. de la Teste, petit port sur le bassin d'Arcachon, et petite station de bains de mer.

Haillan (Le), 920 h., c. de Blanquefort.

Haut-Brion, commune de Pessac, château avec vignoble célèbre (vins dits de Graves).

Haux, 723 h., c. de Créon.

Tour de l'Horloge du grand port, à Libourne

Hélène (Sainte-), 1,003 h., c. de Castelnau.

Hilaire-du-Bois (Saint-), 159 h., c. de Sauveterre.

Hilaire-la-Noaille (Saint-), 356 h., c. de la Réole.

Hippolyte (Saint-), 303 h., c. de Castillon.

Hostens, 1,094 h., c. de Saint-Symphorien.

Hourtins, 1,242 h., c. de St-Laurent.

Hure, 768 h., c. de la Réole. ⋙→ Débris romains.

Illac, 669 h., c. de Pessac. ⋙→ Tumulus.

Illats, 1,611 h., c. de Podensac. ⋙→ Château, monument historique. — Curieuse église romane. — Vieilles maisons.

Isle-Saint-Georges, 507 h., c. de la Brède.

Izon, 1,286 h., c. de Libourne.

Jau-Loirac-et-Dignac, 1,825 h., c. de Saint-Vivien.

Jean-de-Blaignac (Saint-), 529 h., c. de Pujols. ⟿ Pont suspendu sur la Dordogne.

Jugazan, 282 h., c. de Branne.

Julien (Saint-), 1,667 h., c. de Pauillac.

Julliac, 380 h., c. de Pujols.

Labescaut, 189 h., c. de Grignols.

Lacanau, 962 h., c. de Castelnau.

Ladaux, 270 h., c. de Targon.

Lados, 230 h., c. d'Auros.

Laffitte, commune de Pauillac, château avec vignoble célèbre (un des trois grands crus du Médoc).

Lande-de-Libourne (La), 504 h., c. de Libourne. ⟿ Église romane, monument historique; façade curieuse.

Lande-de-Cubzac (La), 540 h., c. de Fronsac.

Landerrouat, 234 h., c. de Pellegrue.

Landerrouet, 197 h., c. de Monségur.

Landiras, 1,735 h., c. de Podensac. ⟿ Église romane, monument historique; fonts baptismaux du XIIe siècle. — Ruines d'un château.

Langoiran, 2,062 h., c. de Cadillac ⟿ Église romane. — Belles ruines d'un château du XIVe siècle et de la Renaissance. — Au-dessous, dans un champ qui fut le jardin du château, fontaine incrustante. — Moulin de Labatut (XIVe siècle).

Langon, 4,740 h., ch.-l. de c. de l'arrond. de Bazas, sur la Garonne. ⟿ Église des XIIIe, XIVe et XVe siècles; magnifique clocher moderne, imitation réduite du Clocher-Vieux de la cathédrale de Chartres. — Pont suspendu. — Beau pont en tôle pour le chemin de fer de Bordeaux à Cette.

Lansac, 694 h., c. de Bourg. ⟿ Église romane. — Tours de Broglie, château ruiné.

Lanton, 672 h., c. d'Audenge.

Lartigue, 210 h., c. de Captieux.

Latour, commune de Pauillac, château avec vignoble célèbre (un des trois premiers grands crus du Médoc).

Laurent-d'Arce (Saint-), 818 h., c. de Saint-André-de-Cubzac. ⟿ Ruines d'une belle église romane à Mugrigne.

Laurent-et-Benon (Saint-), 3,019 h., ch.-l. de c. de l'arrond. de Lesparre. ⟿ Église des XIIe, XIVe et XVIe siècles.

Laurent-du-Bois (Saint-), 380 h., c. de Saint-Macaire.

Laurent-de-Combes (Saint-), 354 h., c. de Castillon.

Laurent-du-Plan (Saint-), 133 h., c. de Saint-Macaire.

Lavazan, 342 h., c. de Grignols.

Lège, 548 h., c. d'Audenge. ⟿ L'église, trois fois rebâtie, a trois fois disparu sous les sables.

Léger (Saint-), 467 h., c. de Saint-Symphorien. ⟿ Château de Castelnau-de-Cernès, sur la Hure; double enceinte polygonale; donjon carré très-élevé.

Léger-de-Vignague (Saint-), 535 h., c. de Sauveterre.

Léogeats, 850 h., c. de Langon. ⟿ A Camaillac, vieille tour.

Léognan, 2,290 h., c. de la Brède. ⟿ Château d'Olivier (1390), restauré.

Léon (Saint-), 180 h., c. de Créon.

Lerm-et-Musset, 796 h., c. de Grignols.

Lesparre, 3,794 h., ch.-l. d'arrond. ⟿ Belle tour carrée du XIVe siècle, reste du château appelé l'Honneur de Lesparre.

Lestiac, 629 h., c. de Cadillac.

Lèves-et-Thoumeyragues, 961 h., c. de Sainte-Foy.

Libourne, 15,231 h., ch.-l. d'arrond., la seconde ville du département de la Gironde, petit port situé au confluent de l'Isle et de la Dordogne. Ses rues, tracées au XIIIe siècle, se coupent toutes à angles droits. ⟿ *Pont* en pierre de neuf arches (1820-1825), sur la Dordogne. — *Pont* de neuf arches pour le chemin de fer de Paris à Bordeaux. — Vaste *église* gothique des XVe et XIXe siècles, dominée par une flèche en pierre haute de 71 mètres. — *Tour de l'Horloge*, reste des remparts du XIVe siècle. — *Théâtre* (1806), à colonnade ionique. — *Hôtel de ville* du XVIe siècle, renfermant un petit *musée*, une *collection d'histoire naturelle* et une *bibliothèque* très-riche. — *Statue* du duc Decazes, né à Libourne. — Vastes *casernes*. — *Chapelle de Condat* (XVe siècle). — Pont suspendu sur l'Isle. — Belles promenades.

Lignan, 412 h., c. de Créon. ⋙→ Église du XIIe siècle; belle statue du XVe siècle. — Sources incrustantes.

Lignans, 524 h., c. de Bazas.

Ligueux, 255 h., c. de Sainte-Foy.

Listrac, 2,193 h., c. de Castelnau.

Listrac-de-Durèze 211 h., c. de Pellegrue.

Lormont, 2,858 h., c. de Carbon-Blanc, village agréablement situé sur la Garonne et très-fréquenté par les Bordelais. ⋙→ Belles villas. — Tunnels et viaducs du chemin de fer de Paris à Bordeaux.

Loubens, 357 h., c. de la Réole. ⋙→ Ruines du château de Lavison.

Loubergt (Saint-), 181 h., c. de Langon. ⋙→ Tumulus.

Loubès (Saint-), 2,463 h., c. de Carbon-Blanc. ⋙→ Belle croix de cimetière.

Louchats, 837 h., c. de Saint-Symphorien.

Loupes, 141 h., c. de Créon.

Loupiac-de-Blaignac, 386 h., c. de la Réole.

Loupiac-de-Cadillac, 1,002 h., c. de Cadillac. ⋙→ Église du XIIe siècle, monument historique; charmante façade.

Lucmau, 690 h., c. de Villandraut.

Ludon, 1,267 h., c. de Blanquefort.

Lugagnac, 505 h., c. de Branne.

Lugasson, 421 h., c. de Targon.

Lugon, 934 h., c. de Fronsac. ⋙→ Église romane.

Lugos, 474 h., c. de Belin.

Lussac, 1,910 h., ch.-l. de c. de l'arrond. de Libourne. ⋙→ Ruines de l'abbaye de Faize (XIIe et XVIe siècle).

Macaire (Saint-), 2,252 h., ch.-l. de c. de l'arrond. de la Réole, sur une terrasse dominant la Garonne. ⋙→ *L'église* (mon. hist.) est une des plus curieuses de la Gironde. Fondée d'un seul jet vers le commencement du XIIe siècle, elle fut remaniée et complétée au siècle suivant. Elle mesure dans œuvre près de 59 mètres; mais elle n'a qu'une nef de quatre larges travées. Le caractère le plus remarquable de cette église est la disposition de ses trois absides *égales à 11 pans dont deux forment* transsept. La façade et le clocher hexagonal de l'église, les voûtes et les fenêtres des trois premières travées, ainsi que les remarquables peintures du chœur, datent du XIIIe siècle. La porte principale est un beau spécimen du style ogival primitif. Deux de ses quatre grandes statues, les statuettes des voussures et les magnifiques vantaux ornés de ferrures existent encore. Au sud de l'église se trouvent les restes d'un *cloître* roman. Au point de vue de l'architecture militaire et civile aussi bien que de l'architecture religieuse des XIIe, XIIIe et XIVe siècles, Saint-Macaire est une des villes les plus curieuses de tout le midi de la France. Les trois *enceintes* qui protégeaient la ville au moyen âge sont encore en grande partie conservées. La principale a 382 mètres sur sa plus grande longueur et 190 sur sa plus grande largeur. Des six portes surmontées de tours carrées qui donnaient entrée dans l'enceinte, une seule, la *porte de Cadillac*, est entièrement conservée. La *porte Yquem* a laissé des arrachements sur la *maison Baritault*, qui date des XIIIe et XIVe siècles comme les remparts. Près de la *porte* détruite *de l'Hôpital*, la *maison noble de Lanau* remonte à la fin du XIIIe siècle. La partie de la première enceinte qui regarde la Garonne est la plus ancienne et la plus intéressante. La deuxième enceinte fut ajoutée, au XIVe siècle, pour enclaver le faubourg du Turon, à l'est. La *porte du Turon* et une tour carrée en sont les parties les plus remarquables. La troisième enceinte réunit à la ville, à l'ouest, le faubourg de Rendesse. Il en reste trois portes; contre les remparts s'élève la *maison Messidan* (XIVe siècle), dont les caves voûtées sont admirablement conservées. — La *place du Marché* est la partie la plus curieuse de Saint-Macaire au point de vue de l'architecture civile. Les maisons qui l'entourent forment portiques au rez-de-chaussée et datent presque toutes du XIIIe au XVIe siècle. Dans les autres parties de la ville se voient de nombreuses maisons ogivales, dont la plus remarquable donne sur la rue des Bans.

Macau, 1,920 h., c. de Blanquefort. ⋙→ Beau parc de Merle.

Madirac, 113 h., c. de Créon.

Magne (Saint-), 804 h., c. de Belin.

Magne (Saint-), 1,168 h., c. de Castillon.

Maixent (Saint-), 855 h., c. de Saint-Macaire. ⋙→ Caverne à ossements. — Église du XIIe siècle. — Châteaux de Vital-Merle, de Lavison, de Malagarre, de Barbot.

Maransin, 1,277 h., c. de Guîtres.

Marcamps, 527 h., c. de Bourg.

Marcenais, 523 h., c. de Saint-Savin. ⋙→ Église jadis fortifiée.

Marcillac, 2,013 h., c. de Saint-Ciers.

Margaux, 1,430 h., c. de Castelnau, commune célèbre pour ses vins, classés parmi les trois premiers grands crus du Médoc.

Margueron, 458 h., c. de Ste-Foy.

Mariens (Saint-), 911 h., c. de Saint-Savin.

Marimbault, 219 h., c. de Bazas.

Marions, 451 h., c. de Grignols.

Marque (La), 1,107 h., c. de Castelnau. ⋙→ Château des XIIe, XIVe, XVIe et XVIIe siècles.

Marsas, 637 h., c. de Saint-Savin.

Martial (Saint-), 293 h., c. de Saint-Macaire.

Martignac, 258 h., c. de Pessac.

Martillac, 996 h., c. de la Brède. ⋙→ Tombelles.

Martin (Saint-), 810 h., c. de Blaye.

Martin-de-Laye (Saint-), 477 h., c. de Guîtres.

Martin-de-Lerm (Saint-), 276 h., c. de Sauveterre.

Martin-de-Sescas (Saint-), 593 h., c. de Saint-Macaire. ⋙→ Église romane, mon. hist.; riche portail.

Martin-du-Bois (Saint-), 630 h., c. de Guîtres.

Martin-du-Puy (Saint-), 303 h., c. de Sauveterre.

Martres, 179 h., c. de Targon. ⋙→ Château de la Motte.

Masseilles, 284 h., c. de Grignols.

Massugas, 612 h., c. de Pellegrue. ⋙→ Dans l'église, portail roman.

Mauriac, 415 h., c. de Sauveterre.

Mazères, 614 h., c. de Langon. ⋙→ Ancien *château de Roquetaillade*, un des plus imposants de tout le midi de la France. Il date de deux époques. L'enceinte immense, longue de 300 mètres, qui enveloppe de trois côtés le château proprement dit, date du XIIe siècle. Elle renferme, vers le nord, un château primitif, dont il reste principalement un donjon carré et une magnifique tour surmontant une grande porte. Au sud est une jolie chapelle de la fin du XIIIe siècle. Le château proprement dit, encore habité et soigneusement entretenu, forme un quadrilatère de 35 mètres de côté, flanqué de six belles tours rondes, hautes de 28 mètres. Au centre s'élève, à la hauteur de 35 mètres, un donjon carré. Cette partie fut construite au commencement du XIVe siècle par le cardinal de la Mothe, allié à la famille de Clément V.

Mazion, 529 h., c. de Blaye.

Médard-d'Eyrans (Saint-), 566 h., c. de la Brède.

Médard-de-Guizières (Saint-), 1,175 h., c. de Coutras.

Médard-en-Jalle (Saint-), 3,001 h., joli village du c. de Blanquefort, sur la Jalle. ⋙→ Camp présumé romain. — Motte féodale. — Château à tourelles.

Mérignac, 4,967 h., c. de Pessac ⋙→ Tour de Veyrines (mon. hist.), donjon du XIIe siècle, décoré de peintures très-remarquables du XIIIe siècle.

Mérignas, 436 h., c. de Sauveterre.

Mesterrieux, 282 h., c. de Monségur.

Michel-de-Castelnau (Saint-), 640 h., c. de Captieux. ⋙→ Vieux château.

Michel-de-Rieuffret (Saint-), 201 h., c. de Podensac.

Michel-Lapujade (Saint-), 424 h., c. de la Réole.

Michel-de-Rivière (Saint-), 586 h. c. de Fronsac.

Mios, 2,589 h., c. d'Audenge.

Mombrier, 537 h., c. de Bourg. ⋙→ Église romane; belle façade du XIVe siècle.

Monbadon, 384 h., c. de Lussac.

Mongauzy, 519 h., c. de la Réole.

Monprimblanc, 592 h., c. de Cadillac.

Monségur, 1,709 h., ch.-l. de c. de l'arrond. de la Réole. ⟶ Vieux remparts. — Archives curieuses.

Montagne, 1-555 h., c. de Lussac. ⟶ Château de la Tour (XIVe et XVIIe siècles).

Montagoudin, 160 h., c. de la Réole.

Montferrand, 746 h., c. de Carbon-Blanc.

Montignac, 176 h., c. de Targon.

Montussan, 611 h., c. de Carbon-Blanc.

Morillon (Saint-), 862 h., c. de la Brède. ⟶ Tombelles.

Morizès, 665 h., c. de la Réole.

Mothe-Landeron (La), 1,271 h., c. de la Réole.

Mouillac, 90 h., c. de Fronsac.

Mouliet-et-Villemartin, 776 h., c. de Pujols. ⟶ Tombelles.

Moulis, 1,406 h., c. de Castelnau. ⟶ Église romane, monument historique.

Moulon, 1,100 h., c. de Branne. ⟶ Tumulus.

Mourens-Montpezat, 509 h., c. de Sauveterre.

Naujac, 886 h., c. de Lesparre.

Naujan-et-Postiac, 619 h., c. de Branne. ⟶ Tumulus.

Nazaire (Saint-), 131 h., c. de Sainte-Foy.

Néac, 467 h., c. de Lussac.

Nérigean, 551 h., c. de Branne. ⟶ Église des XIIe et XVIe siècles, fortifiée. — Croix de cimetière sculptée, monument historique.

Neuffons, 222 h., c. de Monségur.

Nizan, 556 h., c. de Bazas. ⟶ Église en partie romane, en partie du XVIe siècle.

Noaillac, 454 h., c. de la Réole.

Noaillan, 1,966 h., c. de Villandraut. ⟶ Église romane dégradée. — Ruines d'un beau château.

Omet, 510 h., c. de Cadillac.

Ordonnac, 597 h., c. de Lesparre. ⟶ Ancienne abbaye de l'Ile.

Origne, 278 h., c. de St-Symphorien.

Paillet, 988 h., c. de Cadillac.

Palais (Saint-), 780 h., c. de Saint-Ciers-la-Lande. ⟶ Église romane.

Pardon-de-Conques (Saint-), 549 h., c. de Langon.

Parempuire, 902 h., c. de *Blanquefort.*

Parsac, 220 h., c. de Lussac.

Pauillac, sur la Gironde, 4,145 h., ch.-l. de c. de l'arrond. de Lesparre; célèbre pour ses vins de Château-Laffite et Château-Latour ; petit port.

Paul (Saint-), 1,040 h., c. de Blaye.

Peintures (Les), 1,005 h., c. de Coutras.

Pellegrue, 1,622 h., ch.-l. de c. de l'arrond. de la Réole. ⟶ Église romane.

Périssac, 788 h., c. de Fronsac.

Pessac, 5,105 h., ch.-l. de c. de l'arrond. de Bordeaux.

Pessac-de-Gensac, 690 h., c. de Pujols.

Petit-Palais-et-Cornemps, 702 h., c. de Lussac. ⟶ Églises romanes à Petit-Palais (mon. hist.) et à Cornemps.

Peujard, 696 h., c. de Saint-André.

Pey-d'Armens (Saint-), 529 h., c. de Castillon. ⟶ Belle croix de cimetière du XVIe siècle.

Pey-de-Castets (Saint-), 744 h., c. de Pujols.

Philippe (Saint-), 426 h., c. de Castillon.

Philippe (Saint-), 262 h., c. de Sainte-Foy. ⟶ Château de Bourgogne (XVIe siècle).

Pian (Le), 856 h., c. de Blanquefort.

Pian-sur-Garonne (Le), 589 h., c. de Saint-Macaire.

Pierre-d'Aurillac (Saint-), 1,152 h., c. de Saint-Macaire.

Pierre-de-Bat (Saint-), 464 h., c. de Targon.

Pierre-de-Mons (Saint-), 750 h., c. de Langon.

Pineuilh, 1,544 h., c. de Sainte-Foy.

Plassac, 1,256 h., c. de Blaye. ⟶ Chapelle de Mombuzet, fondée, dit-on, par Charlemagne. — Château de Lagrange.

Pléneselve, 431 h., c. de Saint-Ciers. ⟶ Ruines d'une église abbatiale du XIIe siècle.

Podensac, 1,682 h., ch.-l. de c. de l'arrond. de Bordeaux, sur la Garonne. ⟶ Église romane. — Château ruiné. — Belles sources. — Chapelle Sainte-Sportalie (XIIe siècle).

Pommerol, 928 h., c. de Libourne.
Pompéjac, 417 h., c. de Villandraut.
Pompignac, 537 h., c. de Créon.
Pondaurat, 640 h., c. d'Auros. ⟿ Église romane (mon. hist.). — Moulins fortifiés des xive et xve siècles.
Pont (Le), 145 h., c. de Créon.
Porchères, 640 h., c. de Coutras.
Porge (Le), 911 h., c. de Castelnau.
Portets, 1,883 h., c. de Podensac, port sur la Garonne.
Pouyade (La), 714 h., c. de Guîtres.
Préchac, 2,021 h., c. de Villandraut. ⟿ Église romane. — Nombreuses cavités, d'origine gauloise (?), appelées Clotes.
Preignac, 2,582 h., c. de Podensac. ⟿ Château ruiné de Lauvignac.
Prignac, 325 h., c. de Lesparre.
Prignac, 410 h., c. de Bourg. ⟿ Dans l'église, curieuse chaire monolithe.
Puch (Le), 274 h., c. de Sauveterre. ⟿ Église du xie siècle.
Pugnac, 889 h., c. de Bourg.
Puisséguin, 998 h., c. de Lussac. ⟿ Curieux souterrains à la Roque.
Pujols, 770 h., ch.-l. de c. de l'arrond. de Libourne. ⟿ Église romane, monument historique. — Dolmen remarquable.
Pujols, 836 h., c. de Podensac.
Puy (Le), 457 h., c. de Monségur.
Puy-Barban (Le), 491 h., c. d'Auros.
Puynormand, 369 h., c. de Lussac.
Quentin (Saint-), 666 h., c. de Branne. ⟿ Église fortifiée des xiiie, xive et xve siècles.
Quentin-de-Caplong (Saint-), 561 h., c. de Sainte-Foy.
Queyrac, 1,816 h., c. de Lesparre. ⟿ Église romane, mon. hist.
Quinsac, 1,251 h., c. de Créon. ⟿ Ruines d'un ancien château.
Radegonde (Sainte-), 655 h., c. de Pujols.
Rauzan, 1,055 h., c. de Pujols. ⟿ Belles ruines d'un château des xive et xvie siècles, dominées par un donjon cylindrique.
Reignac, 2,256 h., c. de Saint-Ciers.
Réole (La), 4,089 h., ch.-l. d'arrond., sur une colline dominant la Garonne. ⟿ *Église Saint-Pierre* (mon. hist.), du xiiie siècle; nef flanquée de deux chapelles latérales et couverte de voûtes sexpartites (à six nervures); abside à sept pans; porte du nord dans le style flamboyant du xve siècle. — Restes d'une triple enceinte de *remparts;* les parties les plus modernes datent de 1524. — Le *château*, du xiie siècle, agrandi au xiiie siècle, maintenant en ruine, était un carré flanqué de quatre tours qui lui avaient fait donner le nom de château des Quatre-Sœurs; une de ces tours n'existe plus, deux autres sont entr'ouvertes et ruinées; une est assez bien conservée. — *Couvent de Bénédictins*, dont la première fondation remonte au ixe siècle; le monastère existe encore (xviie et xviiie siècles), converti en sous-préfecture et en palais de justice. — Ancien *hôtel de ville* (monument historique), édifice des xiie et xve siècles. — Maison appelée la *Synagogue* (xiie siècle), en partie ruinée. — *Pont* suspendu sur la Garonne (une travée de 164 mètres 83 cent. de longueur). — Belle *promenade* au pied des anciens remparts, sur le bord du fleuve. — Curieuses archives depuis 1130.
Rimons, 554 h., c. de Monségur.
Riscaud-et-Sainte-Croix, 376 h., c. de Sainte-Foy.
Rions, 1,459 h., c. de Cadillac. ⟿ Murailles d'enceinte, monument historique, et ruines d'un château.
Rivière (La), 455 h., c. de Fronsac.
Roaillan, 524 h., c. de Langon.
Romagne, 561 hab., c. de Targon.
Romain (Saint-), 450 h., c. de Sauveterre.
Romain-la-Virvée (Saint-), 635 h., c. de Fronsac.
Roque (La), 264 h., c. de Cadillac.
Roquebrune, 535 h., c. de Monségur.
Roquille (La), 532 h., c. de Ste-Foy.
Ruch, 690 h., c. de Sauveterre.
Ruscade (La), 1,784 h., c. de Saint-Savin.
Sablon, 908 h., c. de Guîtres.
Sadirac, 1,074 h., c. de Créon.
Saillans, 430 h., c. de Fronsac. ⟿ Église avec remarquable portail du xive siècle.

La Réole.

Salaunes, 302 h., c. de Castelnau.

Salignac, 955 h., c. de Saint-André-de-Cubzac. ⟿ Église fortifiée, des XIIe et XVe siècles.

Salleboeuf, 688 h., c. de Créon. ⟿ Château ruiné (XIIe siècle).

Sallebruneau, 164 h., c. de Sauveterre. ⟿ Ruines d'un château que l'on croit avoir appartenu à l'ordre de Malte. — Tumulus

Salles, 4,048 h., c. de Belin. ⟿ Ancien manoir seigneurial.

Salles (Les), 437 h., c. de Castillon.

Samonac, 535 h., c. de Bourg.

Saucats, 945 h., c. de la Brède. ⟿ Tumulus; antiquités; beaux fossiles.

Saugon, 378 h., c. de Saint-Savin.

Saumos, 425 h., c. de Castelnau.

Sauternes, 1,009 h., village du c. de Langon, célèbre par ses vins.

Sauve (La), 1,052 h., c. de Créon. ⟿ Église ruinée (mon. hist. du XIIe siècle) d'une ancienne abbaye. Ses trois absides, encore debout, sont fort ornées à l'extérieur; à droite de la nef, qui est détruite, s'élève un clocher octogonal dont les étages supérieurs datent du XIIIe siècle. La flèche, en pierre, est la plus ancienne du département.

Sauveterre, 849 h., ch.-l. de c. de l'arrond. de la Réole, ville bâtie sur un plan régulier au XIIIe s. ⟿ Belles ruines des anciens remparts.

Sauveur (Saint-), 968 h., c. de Pauillac.

Sauveur-de-Puy-Normand (St-), 474 h., c. de Lussac.

Sauviac, 413 h., c. de Bazas.

Savignac, 724 h., c. d'Auros.

Savignac-de-l'Isle, 441 h., c. de Guîtres.

Savin (Saint-), 2,126 h., ch.-l. de c. de l'arrond. de Blaye. ⟿ Belle église moderne.

Selve (Saint-), 982 h., c. de la Brède. ⟿ Tumulus.

Semens, 194 h., c. de Saint-Macaire.

Sendets, 465 h., c. de Grignols.

Seurin-de-Bourg (Saint-), 440 h., c. de Bourg.

Seurin-de-Cadourne (Saint-), 1,331 h., c. de Lesparre.

Seurin-de-Cursac (Saint-), 424 h., c. de Blaye.

Seurin-sur-l'Isle (Saint-), 759 h., c. de Coutras.

Sève (Saint-), 255 h., c. de la Réole.

Sigalens, 617 h., c. d'Auros.

Sillas, 202 h., c. de Grignols.

Soulac, 716 h., c. de Saint-Vivien. ⟿ Au Vieux-Soulac, église du XIIe siècle, avec abside du XIVe; porte principale du XVe; cet édifice, naguère enfoui dans les sables, a été dégagé il y a quelques années. Le clocher est utilisé comme balise pour la navigation. La ville qui avoisinait cette église a été, comme elle, enterrée sous les dunes et engloutie par la mer. — A l'embouchure de la Gironde, Pointe de Grave, où ont été exécutés des travaux de défense considérables, qui ont pour but principal d'empêcher que le fleuve ne s'ouvre une nouvelle embouchure à travers les dunes du littoral. On a construit une jetée qui arrête les érosions de la plage et une digue insubmersible parallèle à la côte. Près de la Pointe de Grave, la ville romaine de *Noviomagus* a été, dit-on, engloutie sous les flots. — *Phare ou tour de Cordouan* (mon. hist.), situé au milieu de la mer, à l'embouchure de la Gironde. C'était autrefois un édifice remarquable, construit en 1585 par Louis de Foix, architecte de l'Escurial. Il n'en reste plus que l'étage inférieur surmonté d'une tour moderne, haute de 65 mètres au-dessus de la mer.

Soulignac, 565 h., c. de Targon.

Soussac, 542 h., c. de Pellegrue.

Soussans, 1,191 h., c. de Castelnau. ⟿ Ruines du château de Bessans.

Sulpice-de-Faleyrens (Saint-), 1,114 h., c. de Libourne. ⟿ Beau menhir de Pierrefitte.

Sulpice-de-Guilleragues (Saint-), 532 h., c. de Monségur. ⟿ Châteaux de Case (XVe siècle) et de Guilleragues (première Renaissance).

Sulpice-d'Izon (Saint-), 1,065 h., c. de Carbon-Blanc. ⟿ Église des XIIe et XVe siècles.

Sulpice-de-Pommiers (Saint-), 381 h., c. de Sauveterre.

Symphorien (Saint-), 2,011 h., ch.-l. de c. de l'arrond. de Bazas. ⟿

Église de la fin du XVIe siècle. — Croix sculptée dans le cimetière.

Tabanac, 624 h., c. de Créon.

Taillant (Le), 1,292 h., c. de Blanquefort. ⟶ Belle source.

Taillecavat, 805 h., c. de Monségur.

Talais, 761 h., c. de Saint-Vivien.

Talence, 3,873 h., 4e c. de Bordeaux.

Targon, 1,275 h., ch.-l. de c. de

Phare de Cordouan.

l'arrond. de la Réole. ⟶ Église romane, fortifiée au XVe siècle.

Tarnès, 151 h., c. de Fronsac.

Tauriac, 1,196 h., c. de Bourg.

Tayac, 261 h., c. de Lussac.

Teich (Le), 1,308 h., c. de la Teste.

Temple (Le), 530 h., c. de Castelnau.

Terre (Sainte-), 1,850 h., c. de Castillon.

Teste (La), 5,314 h., ch.-l. de c. de l'arrond. de Bordeaux, petit port sur le Bassin d'Arcachon.

Teulhac, 686 h., c. de Bourg.

Tizac, 469 h., c. de Guîtres. ⟿ Église du XIIe siècle, monument historique.

Tizac-de-Curton, 205 h., c. de Branne.

Toulenne, 798 h., c. de Langon. ⟿ Église fort ancienne.

Tourne (Le), 765 h., c. de Créon.

Tresne (La), 1,669 h., c. de Créon.

Tresses, 671 h., c. de Carbon-Blanc.

Trojan (Saint-), 586 h., c. de Bourg.

Tuzan (Le), 287 h., c. de Saint-Symphorien.

Uzeste, 948 h., c. de Villandraut. ⟿ L'*église* est un des édifices les plus remarquables de la Gironde. Elle fut construite pour la plus grande partie au moyen des dons du pape Clément V, dont on y voit le tombeau profané et mutilé. Elle a trois nefs couvertes chacune de voûtes à six nervures et un déambulatoire entouré de trois chapelles peu profondes. A gauche du chœur s'élève une belle tour en saillie portant une flèche en pierre. Ce clocher a été remanié, sinon reconstruit, après les guerres religieuses du XVIe siècle.

Valeyrac, 881 h., c. de Lesparre.

Vayres, 1,822 h., c. de Libourne. ⟿ Remarquable château des XIVe, XVIe et XVIIIe siècles.

Vendays, 1,882 h., c. de Lesparre.

Vensac, 1,152 h., c. de Saint-Vivien.

Vérac, 619 h., c. de Fronsac.

Verdelais, commune d'Aubiac. ⟿ Église Notre-Dame, un des plus célèbres pèlerinages de France.

Verdon (Le), 755 h., c. de Saint-Vivien. ⟿ Port servant d'abri aux vaisseaux qui attendent le vent pour sortir de la Gironde; il est question d'y faire de grands travaux.

Verteuil, 1,145 h., c. de Pauillac. ⟿ Église romane (mon. hist.), à trois nefs, sans transsept; trois chapelles absidales, dont une, celle du centre, est carrée. Les voûtes de la grande nef ont été refaites au XIVe siècle; mais les voûtes des bas-côtés sont romanes. Un beau clocher, octogonal à sa partie supérieure et d'une grande élégance, s'élève sur le bas-côté de droite, entre la nef et le chœur. — Restes d'une abbaye reconstruite au XVIIIe siècle.

Vignonet, 724 h., c. de Castillon.

Villandraut, 1,096 h., ch.-l. de c. de l'arrond. de Bazas. ⟿ Magnifiques ruines (mon. hist.) d'un château bâti à la fin du XIIIe siècle par Clément V, encore archevêque de Bordeaux; six belles tours cylindriques. — Église du XIVe siècle, bâtie par le même pontife.

Villegouge, 877 h., c. de Fronsac.

Villenave-d'Ornon, 2,408 h., c. de Pessac. ⟿ Église des XIIe et XVIe siècles; bons tableaux du XVe siècle.

Villeneuve, 542 h., c. de Bourg.

Villeneuve-de-Rion, 279 h., c. de Cadillac.

Vincent-de-Paul (Saint-), 596 h., c. de Carbon-Blanc.

Vincent-de-Pertignas (Saint-), 610 h., c. de Pujols. ⟿ Manoirs des XVe et XVIe siècles.

Virelade, 757 h., c. de Podensac. ⟿ Château ruiné.

Virsac, 264 h., c. de Saint-André.

Vivien (Saint-), 1,521 h., ch.-l. de c. de l'arrond. de Lesparre. ⟿ Église romane, monument historique; magnifique abside.

Vivien (Saint-), 402 h., c. de Saint-Savin.

Vivien (Saint-), 671 h., c. de Monségur.

Yquem, commune de Sauternes, château aux environs duquel se récolte le meilleur vin du cru de Sauternes.

Yvrac, 750 h., c. de Carbon-Blanc.

Yzans (Saint-), 681 h., c. de Lesparre.

Typographie Lahure, rue de Fleurus, 9, à Paris.

Pte de Grave
Gozes
Pons
Archiac
St Genis
JONZAC
BARBEZIEUX
Blanzac
Montmoreau
Miranbeau
LA GIRONDE
St Vivien
LESPARRE
Montendre
Montlieu
Montguyon
Chalais
St Aulaye
St Laurent
BLAYE
Castelnau de Médoc
St André de Cubzac
Coutras
Monpont
Villefranche-de Lonchapt
Blanquefort
Carbon Blanc
Fronsac
LIBOURNE
Vélines
BORDEAUX
Castillon
St Foy la Grande
Pessac
Pujols
Pellegrue
Targon
la Brède
Sauveterre
Duras
Audenge
Podensac
Cadillac
LA RÉOLE
Langon
Meilhan
MARMANDE
Auros
Villandraut
St Symphorien
BAZAS
Grignols
le Mas d'Agenais
Bouglon
Parentis en Born
Sore
Casteljaloux
Captieux
Damazan
Houeillès
Labrit
CHARENTE
CHARENTE INFÉRIEURE
DORDOGNE
LOT ET GARONNE
LANDES
SIGNES CONVENTIONNELS
Chemin Vicinal
Chemin de fer exploité
id. en construction
Canal
Limite de Département
id. d'Arrondissement
id. de Canton
Echelle Métrique 1/1,172,000
Kilomètres
5 10 15 20
30'
3°
30'
Hachette et Cie à Paris

LIBRAIRIE HACHETTE ET Cie

A PARIS, BOULEVARD SAINT-GERMAIN, 79

NOUVELLE COLLECTION DE GÉOGRAPHIES DÉPARTEMENTALES

PAR AD. JOANNE

FORMAT IN-12 CARTONNÉ

Prix de chaque volume. . . . . 1 fr.

37 départements sont en vente

EN VENTE

Ain.	11 gravures,	1 carte.	Jura	12 gravures,	1 carte.
Aisne.	19 —	1 —	Landes	16 —	1 —
Allier.	27 —	1 —	Loire.	14 —	1 —
Aube.	14 —	1 —	Loire-Inférieure.	20 —	1 —
Basses-Alpes. .	11 —	1 —	Loiret.	22 —	1 —
Bouch.-du-Rhône	27 —	1 —	Maine-et-Loire. .	24 —	1 —
Cantal.	14 —	1 —	Meurthe.	31 —	1 —
Charente.	28 —	1 —	Nord	20 —	1 —
Charente-Inér. .	14 —	1 —	Oise.	10 —	1 —
Corrèze.	11 —	1 —	Pas-de-Calais. .	16 —	1 —
Côte-d'Or. . . .	29 —	1 —	Puy-de-Dôme. .	16 —	1 —
Deux-Sèvres. . .	14 —	1 —	Rhône.	16 —	1 —
Dordogne. . . .	14 —	1 —	Saône-et-Loire. .	25 —	1 —
Gironde.	15 —	1 —	Seine-et-Oise .	25 —	1 —
Haute-Saône. . .	12 —	1 —	Seine-Inférieure.	20 —	1 —
Haute-Vienne. .	10 —	1 —	Somme.	12 —	1 —
Indre-et-Loire. .	40 —	1 —	Vienne.	15 —	1 —
Ille-et-Vilaine. .	14 —	1 —	Vosges	17 —	1 —
Isère.	10 —	1 —			

EN PRÉPARATION

Côtes-du-Nord — Doubs — Finistère — Loir-et-Cher
Morbihan — Seine-et-Marne

ATLAS DE LA FRANCE

CONTENANT 95 CARTES

(1 carte générale de la France, 89 cartes départementales, 1 carte de l'Algérie et 4 cartes des Colonies)

TIRÉES EN 4 COULEURS ET 94 NOTICES GÉOGRAPHIQUES ET STATISTIQUES

1 beau volume in-folio, cartonné : 40 fr.

Chaque carte se vend séparément. . . . . 50 c.

TYPOGRAPHIE LAHURE, RUE DE FLEURUS, 9, A PARIS.

www.ingramcontent.com/pod-product-compliance
Ingram Content Group UK Ltd.
Pitfield, Milton Keynes, MK11 3LW, UK
UKHW021217230726
13926UKWH00003B/1077